認知症の人とのおつきあい

家族の心をととのえる対応と工夫

認知症の人と家族の会 東京都支部編

三一書房

はじめに

「公益社団法人認知症の人と家族の会」の東京都支部では、いまから30年ほど前の１９８２年、全国の支部に先駆けて「認知症てれほん相談」を開設しました。

当時は、「痴呆症」といわれ、認知症についての理解はほとんどなく、相談する場所もありませんでした。認知症の本人も介護する家族も家の中に閉じこもり、孤立していたのです。「誰かに、このつらい思いを聞いてもらいたい」と思ったとき、ダイヤルを回せば受話器の向こうに、自分の気持ちをわかってくれる人がいて話を聴いてくれたり、いっしょに考えてくれたら、どんなに心強いだろう――その強い思いから東京都支部は「ぼけ老人てれほん相談」（開設当初の名称）を立ち上げました。相談件数は、毎年６００件にものぼっています。

２０００年には介護保険制度が始まり、２００４年には「痴呆」が「認知症」という言葉に換わりました。日本の認知症患者数は２０１２年時点で約４６２万人、65歳以上の高齢者の約７人に１人と推計されています。少子高齢化が進み、夫婦世帯や単身世帯が増えるなど家族形態が変わるなか、認知症は大きな社会問題となり、地域での認知症対策も増えてきました。

このような時代や社会の変化とともに、「認知症てれほん相談」への相談も多様になっています。親と独身の子の世帯や単身世帯が対象者の半数を超え、娘や息子、また介護者がいない人からの相談も増えています。近年は、介護者が高齢であることや介護者が働いていることなどに関する内容が増えていますが、いまも昔も変わらないことがあります。介護保険サービスによって介護者の負担は軽減しているものの、精神的な負担は依然として大きいこと、認知症という事実を受け容れられないこと、認知症の人とのコミュニケーションがうまくいかずに葛藤が生じてしまうことなどです。

本書では、「家族の会」が定期的に開いている「会員のつどい」や「てれほん相談」に寄せられた相談事例を取り上げ、介護経験者が培ってきた知恵や工夫などを紹介しています。また、最近では、介護者自身のケアの問題や、たくさん薬が出されることの問題も浮上しています。ほかにも、認知症の人は高齢者が多いことから、加齢に伴う症状や、高血圧や糖尿病などとの合併もあり、これらに対する知識も欠かせません。介護者自身のケアについてはカウンセラーの宮本典子さんに、薬や高齢者の病気や心身の状態については、高瀬義昌医師にアドバイスをいただきました。

介護家族のみなさんの苦悩する心に寄り添って、つらい気持ちが少しでもやわらいで、道筋がみえてくる、ほんの少し元気が出てくるように……そういう願いを込めて、本書をまとめました。

2016年8月

公益社団法人認知症の人と家族の会 東京都支部　代表　大野教子

目次

第2章 「やめて！」と言わないために

第3章　高齢者にあらわれやすいさまざまな症状と認知症

【巻末資料】お役立ち情報

序章

家族が認知症かなと思ったら

認知症とはどういう病気？

アルツハイマー型認知症が半数以上を占める

団塊の世代がすべて75歳以上となる2025年、認知症の患者は700万人を超え、65歳以上の5人に1人が認知症になると推測されています。私たちのまわりにも認知症の人や介護している家族が徐々に増えてきていると実感します。

さて、認知症とは、病気やケガなどにより脳の認知機能が低下し、生活に困難をきたした状態を指します。おもな原因疾患にアルツハイマー型認知症、レビー小体型認知症、血管性認知症、前頭側頭葉変性症（「前頭側頭型認知症」など）があり、原因や症状のあられ方、経過など各々異なります（表参照）。このうち、アルツハイマー型認知症がもっとも多く50％以上（血管性認知症との合併を含む）を占め、レビー小体型認知症と血管性認知症がそれぞれ約15～20％、前頭側頭葉変性症が約5～10％といわれています。

その他、認知症でも手術や薬物治療などで治るものもあり、硬膜下血腫《こうまくかけっしゅ》、一部の脳腫瘍《のうしゅよう》、正常圧水頭症、甲状腺機能低下症、ビタミン欠乏症などがそれにあたります。また、認知症になる前段階の軽度認知障害（ＭＣＩ）は物忘れなどから気づくことが多いようですが、この段階で発見できれば、認知症への進行もかなり遅らせることができます。

表　おもな認知症のタイプ

病名		アルツハイマー型認知症	レビー小体型認知症	前頭側頭型認知症	血管性認知症
原因		アミロイドβやタウたんぱく質が脳の神経細胞に蓄積し、徐々に神経細胞を破壊	レビー小体というたんぱく質が蓄積し神経細胞の働きが悪化	脳の前頭葉と側頭葉の神経細胞が死滅し委縮	脳卒中により、血管が破れたり（脳出血）、詰まる（脳梗塞）ことで、その部分の脳細胞が死滅
年齢・性別		女性に多い	60歳以降の男性に多い	性差なし・若年	男性に多い
発症のしかた		ゆるやか	ゆるやか	穏やか	比較的急に発症
進み方		スロープを降りるような進み方	改善・悪化と変動しながら徐々に進行	ゆっくりと進行	発作のたびに段階的に進行
症状の特徴	記憶障害	初めから出現	初期はアルツハイマー型に比べて軽度	短期記憶は保たれる	比較的軽度
	行動症状	重度になるまで出現しない	パーキンソン様症状。転倒が多い	異常行動がある	心理症状に先行して出現、あるいは並行して悪化
	心理症状	物盗られ妄想（アルツハイマー型に特徴的な症状。軽度から出現）	幻視や失神、意識の動揺、注意力障害	自制力の低下、人格の変化	意欲の低下、感情の起伏が激しい
その他の特徴		感情・運動機能は重度になるまで保たれる	向精神薬への過敏性。レム睡眠行動障害、自律神経障害	万引きなどの軽犯罪を犯すことがあるが、反省や説明ができず、同じ違法行為を繰り返すことが多い	局所の神経症状（片麻痺・構音障害・嚥下障害・歩行障害・尿失禁など） 脳卒中の既往。動脈硬化の危険因子の存在

出典：高瀬義昌『自宅で安らかな最期を迎える方法』（WAVE出版）より、P48を改変

記憶障害など認知症の中核症状

認知症の症状は、記憶障害など基本的な症状の中核症状と、暴言・暴力や徘徊《はいかい》、幻覚などのＢＰＳＤ（行動・心理症状）に大別されます。中核症状は、脳の神経細胞の破壊により認知機能が低下し起こる直接的な症状で、記憶障害や見当識障害、理解力・判断力の障害、実行機能障害、失語・失行・失認などがみられます。本書では、第１章・第２章で中核症状やＢＰＳＤの実例を紹介しながら対応のしかたを紹介しています。

●**記憶障害**…脳の海馬という短期記憶をつかさどる器官が壊れることで起こります。そのため、新しいことが覚えられなくなり、とくにアルツハイマー型認知症では新しい記憶から忘れていきます。また、忘れていること自体を自覚していないので、物忘れを指摘されると、作り話をして取り繕《つくろ》うことがみられます。

●**見当識障害**…初期からみられる症状で、季節や時間、場所、人物などがわからなくなることをいいます。今が何年何月かわからない、季節外れの服を着る、外出先で帰り道がわからなくなる、家族のことも他の人と思い込んだり、知らない人と言うようになります。

●**理解力・判断力の障害**…情報処理能力が低下していき、複雑なことは理解できなくなります。２つ以上のことを同時にできなくなったり、スーパーのレジでお釣りの計算ができず、いつもお札を出すので財布に小銭がたまるようになります。炊飯器や調理器具の使い方もわからなくなっていきます。

●**実行機能障害**…献立を立て、必要な物を買い、調理するというような、計画的な行動を実行することが難しくなります。調理も、鍋で煮ながら、別の材料を切るというような同時進行ができなくなります。

●**失行・失語・失認**…洗濯機が使えないなど、今までできていたことができなくなるのが「失行」。「失語」は、言いたいことを言えない、相手の言っていることが理解できないことです。「失認」は、視覚や聴覚などの認識機能にトラブルが起き、トイレから玄関に行けない、人の顔がわからず、遠近感もわからない、などの症状がみられます。

心理症状と行動症状のＢＰＳＤ

中核症状をベースに、抑うつや幻覚、不安、焦燥、睡眠障害、妄想などの心理症状と、多弁、多動、徘徊、暴言・暴力、異食や過食などの行動症状もあらわれてきますが、これらをＢＰＳＤと呼んでいます。ＢＰＳＤは、認知症のタイプによりあらわれ方が異なるうえ、本人の性格や生い立ち、周囲の環境や天候、薬の影響などでも起きてきます。介護する家族が苦労する場合が多々あるＢＰＳＤですが、適切なケアにより症状の軽減を図ることができる一面も持っています。

認知症 早期発見のサインと受診

家族が見つける早期発見の目安

誰しも、年を重ねるにつれ、物忘れがひどくなってきます。問題は、それが単なる加齢によるものか、認知症のサインかということでしょう。早期発見が大切な認知症ですが、なかなか気づきにくいものです。そこで、次に紹介するのが、「認知症の人と家族の会」（以下、「家族の会」）が会員の経験などをもとに作成したチェック表です。いくつか思い当たることがあれば、一度専門医を受診し調べてもらいましょう。

〈もの忘れがひどい〉

□今切ったばかりなのに、電話の相手の名前を忘れる
□同じことを何度も言う・問う・する
□しまい忘れ、置き忘れが増え、いつも探し物をしている
□財布・通帳・衣類などを盗まれたと人を疑う

〈判断・理解力が衰える〉

□料理・片づけ・計算・運転などのミスが多くなった

□新しいことが覚えられない　□話のつじつまが合わない
□テレビ番組の内容が理解できなくなった
〈**時間・場所がわからない**〉
□約束の日時や場所を間違えるようになった
□慣れた道でも迷うことがある
〈**人柄が変わる**〉
□些細なことで怒りっぽくなった　□まわりへの気づかいがなくなり頑固になった
□自分の失敗を人のせいにする　□「このごろ様子がおかしい」と周囲から言われた
〈**不安感が強い**〉
□ひとりになると怖がったり寂しがったりする
□外出時、持ち物を何度も確かめる　□「頭が変になった」と本人が訴える
〈**意欲がなくなる**〉
□下着を替えず、身だしなみを構わなくなった
□趣味や好きなテレビ番組に興味を示さなくなった
□ふさぎ込んで、何をするのもおっくうがり、いやがる

おかしいと思ったら、即、受診

最近、おかしいなと思っても、なかなか病院まで足を運ぼうとしないのが認知症のやっかいなところです。本人はもとより、家族も認知症と診断されるのが怖いのか、ある程度症状が進んでから、やっと受診するという場合も少なくないようです。

しかし、なかには硬膜下血腫などの治る認知症の場合もありますし、アルツハイマー型認知症などでも早期発見により適切な治療やケアを行うことで進行を遅らせたり、症状をコントロールすることが可能になります。

受診先は、精神科や神経内科、心療内科、脳神経内科などのほか、地域の保健センターに相談するのもおすすめです。かかりつけ医を受診し、そこから専門医を紹介してもらうこともできます。最近は、「ものわすれ外来」など認知症の専門外来を設けている病院も増えてきています。また、受診の際、つき添う家族は、次のようなことをメモしていくといいでしょう。受付で出しておくと医師が診察前に目を通しておくことができます。

- 物忘れは、日常生活に支障をきたすほどのものか
- 以前とは違う行動や様子
- その変化はいつ頃からみられるようになったのか。この半年の間に、症状は進行したか
- 本人のこれまでの病気について

検査やおもな治療法

問診の後、「長谷川式簡易認知症審査スケール」などで認知機能を検査し、ＭＲＩ（磁気共鳴作用を利用した断層撮影）やＣＴ（Ｘ線を使った断層撮影）などで脳の状態を画像診断します。さらに脳の血流をみるＳＰＥＣＴや、脳の代謝を調べるＰＥＴの検査で、アルツハイマー型認知症の場合は、脳の変化した部位やアミロイドβ沈着の様子を確認します。とくに、パーキンソン病やうつ病などと間違えられることもあるレビー小体型認知症の場合、脳の後頭葉の血流が低下していることがあり、ＭＲＩやＳＰＥＣＴの検査が有効です。ＭＩＢＧ心筋シンチグラフィという心臓の検査も受ければさらに確認しやすいようです。

認知症の治療法は、薬物治療がメインです。なかでもアルツハイマー型認知症は、薬で進行を遅らせることができますから、早期発見し早めに治療を受けることが大切です。現在、よく使われているアリセプト®は、記憶力の低下防止だけでなく、多少回復を思わせる効果があることも。同様な働きを持つレミニール®や貼付薬などが処方されたり、重度になると神経細胞の興奮を抑えるメマリー®を用いることもあります。なお、レビー小体型認知症は薬にとても過敏なので、服用する薬の種類や量は慎重を期す必要があります。薬の副作用や多剤併用については第3章で詳しく紹介してあります。

認知症の人とのおつきあいの基本

不安でいっぱいの本人の気持ちをまずは受け止める

「何か、おかしい」と周囲が気づくようなときは、すでに本人もいつもの自分と違うという思いで混乱しているはずです。ところが、家族は自分の気持ちを落ち着かせるのに精一杯。本人が、「これから自分はどうなっていくんだろう」という恐怖や不安にとらわれていることに気が回らない場合が多いようです。しかし、まだこの時期であれば、言葉も出ていろいろなことを伝えられますから、「どんなとき、自分じゃなくなったような気持ちになるの？」とか、「どんなふうに困っているの？」などと話しかけ、不安でいっぱいの本人の気持ちを受け止めるよう努めましょう。「何を言ってもわかってもらえない」という心の壁をつくられてしまうと、これからの介護生活に支障をきたすことにもなりかねません。最初の段階で、信頼関係をつくっておくことが何より大切です。

さらに症状が進んでくると、話すこと、聞くことなどが難しくなっていく場合もあり、コミュニケーションがとりづらくなってきます。しかし、表情やボディランゲージなどから気持ちを察することはできるでしょう。たとえば、虫が飛んできて顔が曇ったら、「あら、虫が飛んできたわね。おばあちゃん、虫が嫌いよね」などと話しかけ、いつもそばにいてみてますよ、気持ちがわかってますよ、ということを伝えましょう。本人のボディランゲージを読み取り言葉に出して声をかけることで気持ちが通じ合えます。また、本人が何か言いたそうにしているようなときは、「何？　こうじゃないの？　どうなの？」などとせかさず、待つことです。手をさすったりして、言葉が出るまで待つようにしましょう。

介護者自身のストレスを早め早めにキャッチ

とはいえ、家族も、「穏やかに話すようにしよう」「怒れば、かえって逆効果」と、頭ではわかっていても、日々のことになると、ついつい感情的になるときもあるものです。認知症の人とのおつきあいでは、介護する人の心身のケアも不可欠です。介護者の気持ちが安定していれば、それが認知症の人にも伝わります。

とくに大切なのは、介護者が自身のストレスに気づき、早め早めに対処するということ。家族会や認知症カフェ（101頁参照）などに参加して話を聞いてもらったり情報交換したり。ショートステイやデイサービスなどの利用や、他の家族に介護を代わってもらうこともいいでしょう。ときには、食事や映画に出かけるなど介護から離れて自分自身の時間を持ちましょう。第1章・第2章にある「カウンセラーのアドバイス」①～⑥では、ストレスサインをキャッチして回避・発散する方法などを紹介しています。

合併症のある認知症の人のケア

薬の副作用や多剤併用が引き起こす症状も

認知症の人は、多くが高齢者のためか、高血圧症や糖尿病などの生活習慣病を持つ場合が少なくありません。また、骨粗しょう症や熱中症など、高齢者ゆえに気をつけたい病状もあります。失語症や構音障害、難聴などになった認知症の人もいます。当然、これらの病気や病状を抱えた認知症の人には、それなりのケアが必要です。そこで、第3章では、認知症の高齢者にあらわれやすい病状や病気へのケア、注意点などを紹介しました。

特筆すべきは、認知症の薬と合わせると、十数種類の薬を服用している人がいるということです。そのため、認知症が進んだのかと思っていたら、処方薬を減らすことで症状が消えた事例なども紹介し、多剤併用のもたらす弊害や薬の副作用などにもふれてみました。

生活習慣病と認知症の関係も注目してほしい点です。フランスのリール大学の調査では、生活習慣病を放置していると2年半後には認知機能が要支援2の状態まで低下するのに対し、生活習慣病をうまくコントロールしていると2年半後も自立した生活を送れる可能性が高いそうです。

第1章

生活をするうえで支障が出たときに

1 今言ったこと、聞いたことを忘れる

Case

病院に行く約束をしていたが、「聞いていない」と言う

「明日は病院に行く日ですよ」という言葉に「わかった」と答えていたAさん。いざ当日の朝になると、「そんなことは聞いていない」と言い張ります。病院行きを嫌がるAさんに、せっかく受診の予約をしたのにと家族は思い、いけないとわかっていながら、つい「昨日は『行く』って言ったじゃない」ととがめる口調になってしまいます。するとAさんも、「俺は行くなんて言ってない！」と怒って身を固くし、家から出ようとしません。2年前から物忘れが目立ち始めたものの、受診を嫌がったため、やっと半年前に認知症の診断を受け治療が始まったところです。家族はどうしたら病院に行ってくれるのか、と頭を抱えています。

覚えていないだけでなく、嫌なことや不利なことを認めたがらない

記憶障害は、認知症にかかると誰しもに起こる代表的な症状で、アルツハイマー型認知

症ではとくに、近い記憶から失われていきます。数分前のことでも忘れてしまうこともあります。ただ、介護をする家族にとってやっかいなのは、忘れるだけでなく、Aさんのように、「聞いていない！」「言ってない！」と否定することです。

Aさんが、「そんなこと言ったか？　忘れちゃったな」と素直に忘れていたことを認めてくれれば、家族も「ちゃんと約束したでしょ！」などととがめる口調にもならないでしょう。けれども、認知症の人は多くの場合、自分にとって嫌なこと、不利なことを認めたがりません。否定すれば怒り出し、暴言を吐くこともあります。

何度もそういうことが重なると、介護者も、これは記憶障害なんだからしかたがないとわかってはいても、「だって、言ったでしょ」と対応してしまうことがよくあります。

「言うのを忘れていたかな」と、受診への不安をやわらげる

Aさんが拒否する背景には、病院に行くのが嫌だという理由があるようです。家族にすすめられても受診を嫌がっていたAさんですが、内心では「ひょっとしたら認知症かも……」という思いがあったのかもしれません。おびえながら受けた検査で認知症と診断され、きっと大きなショックを受けたことでしょう。本人は、不安や恐れ、さらには、「なぜ、自分が認知症になるんだ……」という思いが交錯しているのではないでしょうか。

一方、家族は認知症とわかったのだから、きちんと治療を受けてほしいと通院をすすめます。「こんなに心配しているのに、なんで病院に行ってくれないの」という思いから、責めるような言い方になってしまうのでしょう。しかし、強い出方をすると、強い反応が返ってくるというのが認知症の特徴です。

ですから、そうなる前に、「言ったつもりだったけど……、ごめんなさい」とこちらから言えば、Aさんもひとまず留飲《りゅういん》が下がり、意固地《いこじ》になることはないでしょう。本人を否定するような言動を控え、家族のほうから折れることで、まずは頑《かたく》なな受診拒否の姿勢をやわらげましょう。

「何を着ていく？」など、外出準備に関心を向ける

「今日は天気もいいし、お出かけですよ」と楽しい雰囲気をつくり、「帰りにおいしいものでも食べましょう」などと誘います。「どの服を着ていきますか？」「どのバッグにしますか？」など、関心を外出準備に向け、行き先についてあれこれ思い煩《わずら》うようなことを避けます。ふだんから、「ウナギが食べたい」「新しい靴がほしい」など、やりたいことを言っていたなら、「帰りにウナギを食べましょう」「診察が終わったら靴も買おうね」と誘うのも手です。

ただし、ウソを言ってはいけません。おいしいものを食べに行こうと言って外に連れ出し、病院に向かうのは、たとえ受診後においしいものを食べに行ったとしてもウソになり、本人との信頼関係を壊すことになってしまいます。

あまり前から受診日を言わない

もうひとつ、あまり前から予定を言っておかないこと。確認のため、「○○日は病院に行く日ですよ」などと、何度も言うのも避けましょう。早い時期から受診予定日を言うと、不安が徐々に膨らみ、「病院には行かない」「行くなんて聞いてない」などの反応を引き出し、受診拒否につながってしまうこともあります。

また、早口や長い文章で話すと理解できない場合もありますから、ゆっくり明確な口調で、要点を簡潔に短い言葉で伝えることも大切です（声のかけ方は、第3章の24参照）。

対応と工夫

- 「言っておいたはず！」など、強い調子で責めない。
- 「言うのを忘れていたかな」などと家族のほうが折れる。
- 楽しい外出をイメージできる声かけをしたり、外出準備に関心を向ける。

2 同じことを何度も聞く

Case

「今日は何日だっけ？」と一日に何度も尋ねる

認知症と診断されてから、息子さん一家と暮らすBさん。最近、一日に十数回も同じことを聞くようになって、家族は困っています。「今日は何日だっけ？」と聞かれ「○日ですよ」と答えると、いったんは「そうだったわね」とうなずくBさんですが、しばらくするとまた、「今日は何日だっけ？」と言います。この繰り返しに、いつもは優しい孫も、「おばあちゃん、何べん同じこと、聞くんだよ！」と声を荒げてしまいます。「明日はデイサービスに行く日ですよ」と前日にでも言おうものなら、夜、寝床に就《つ》くまで「デイに行く日は何日だっけ？」と尋ね続けます。家族も、いちいち答えるのに疲れています。

最近のことを覚えていられないから何度も聞く

認知症になると、最近見たり聞いたり体験したりしたことを記憶する能力が低下します。そのためBさんのように、「今日は何日だっけ？」「何曜日だっけ？」と何度も同じことを尋ねるようになります。家族がそのたびに「○日ですよ」「○曜日ですよ」と教えてあげているにもかかわらず、また同じ質問を繰り出します。Ｂさんは質問したこと自体を忘れており、何度も同じことを聞いているという認識はありません。

ほかにも、たとえばバッグや財布、携帯電話といった物をどこに置いたか思い出せずに探しまわったり、電話を切ったとたん、誰と話していたかを忘れてしまったりといったことも起こります。外出時には、駅のアナウンスを聞いても覚えていられず、電車に乗ってからも正しい電車に乗れたかどうか不安で何度も確かめずにはいられません。

同様に、デイサービスに行く日など気になる予定を何度も聞くことがあります。たぶん本人は、大事な予定だと思っているからこそ、何度も聞くのでしょう。

同じことでもその都度答えるのが基本

同じことを何度も聞かれると、家族はイライラがつのったり、いちいち対応するのが面倒くさくなって、つい邪険な態度をとってしまいがちです。しかし、「今、言ったでしょ！」「何度、同じことを聞くの！」と言ったところで、本人は毎回、初めて尋ねたつもりでいますから、なぜ責められているのかわかりません。そればかりか、まともに相手にされていないように感じ、自尊心が傷つきます。

認知症になると、「見当識障害」といって、自分の置かれている状況を認識する能力が衰えていきます。見当識障害は、まず時間の見当がつかないといったことから始まり、次に場所、さらに人物へと、病気の進行につれて対象が広がります。

そのため、初期は「何年？」「何月？」「何日？」「何時？」という質問を繰り返します。さらに症状が進むと、家族を家族として認識できなくなり、「あなたは誰？」と何度も尋ねるようになります。今度は家族が、長年いっしょに生活してきたつながりが失われたように感じ、寂しくなったり、情けなくなったりもします。

いずれにしても、本人には同じ質問をしているという自覚はありませんから、同じ質問を何度もすることを責めたりせず、その都度、聞かれたことに答えるのが対応の基本です。

紙に書いて貼っておく

認知症の人のなかには、耳で聞いた情報よりも、目で見て入ってくる情報のほうがより定着しやすい人もいます。そこで、本人の目につきやすいところに、メモを貼ったりホワイトボードを設けたりして、そこに予定を書いておくのもおすすめです。日めくりを活用するのもいいでしょう。それを指し示すことで、本人が自分で確認することもできます。

気をそらすような話題を提供する

同じ質問に繰り返し答えるのも正直疲れますから、なにか、本人の気をそらすようなことを言うのもひとつの方法です。「さっき、テレビでお義母さんの好きな○○が歌っていましたよ。彼のＣＤでも聴きますか」といったように、興味のありそうな話題を提供します。

本人が気にして何度も口にすることを家族が気をきかせたつもりでさっさと解決しようとするのも、場合によっては本人の尊厳を傷つけてしまいます。「財布がない」とあまり何度も言うので、「じゃ、いっしょに探しましょう」と部屋の中を片づけながら探そうとしたら、「人の物に勝手にさわらないで」と怒り出したという例もあります。

本人の思い込んでいる世界を否定しない

家族の顔がわからないとき、本人は時間をさかのぼって若いままの意識でいることがあります。たとえば、自分はまだ30代の若い母親で、息子は小学生だと思い込んでいるとしたら、家の中に50代の女性がいるのを不審がるのも無理はないわけです。

「どなた?」と聞かれて、「あなたの息子の妻です」と答えても、理解はできません。そんなときは、本人が思い込んでいる世界に合わせて、「家のことを手伝いに来ました」というような対応をするのもひとつの方法です。無理に別の人物になりきる必要はなく、本人の実感している世界を否定しないことが重要です。

対応と工夫

- 「何度、同じことを聞くの！」などと責めない。
- 聞かれたら、同じことでも答えるのが基本。
- メモを貼ったり、ホワイトボードに予定を書いて、文字でわかるようにしておく。
- 他の話題を提供して話をそらす。
- 否定せずに、本人の世界に話を合わせる。

3 着替えを嫌がり、ずっと同じ服を着ている

Case

「大丈夫、この服でいいの」と言って着替えない

おしゃれで服装に気をつかっていたCさんですが、認知症をわずらって2年が過ぎた頃から、朝起きてもパジャマのままで着替えをおっくうがるようになりました。娘さんが、着替えをするように言うと、「大丈夫、この服でいいの」と嫌がります。入浴の際に何とか着替えてもらっていますが、デイサービスに行く日も嫌がって着替えず、出かけるまでひと悶着《もんちゃく》。やっと着替えても、靴下が左右違っていたり、「寒くない」と言って半袖１枚でいたりします。本人まかせにできず、娘さんが用意すると、それもまた気に入らないようです。

日常生活にまつわる動作や作業が徐々に難しくなってくる

認知機能に障害が起きてくると、服を着たり脱いだり、食事、入浴、排せつなど、これまで当たり前のようにやってきた日常生活にまつわる動作や作業が、徐々に難しくなって

きます。認知症の代表的な症状で、これを「失行」といいます。

服の着脱についていえば、下着や上着の区別や着る順番がまずわからなくなり、次第に季節に合わせた服装を選ぶことが難しくなります。

朝起きてからパジャマのままでいるCさんは、何を着ればいいのかがわからないのでしょう。そんなときに「着替えはまだ?」とせかすような声かけをされても、何を着たらいいのかわからないとは言い出せず、「このままでいい」と言い張って事態を切り抜けたいと思っているのではないでしょうか。着替えがうまくできないことを家族に言いたくないあまりに、「着替えたくない!」「デイには行かない!」と拒否の範囲がだんだんエスカレートしていくこともあります。

手取り足取り手伝うのは本人のプライドを傷つける

家族としては、家にずっといるならパジャマのままでも大目に見ることができますが、デイサービスの日となると、さすがにそのまま送り出すわけにはいきません。お迎えの時間までに何とか着替えさせたい一心で、コーディネートした服を一式渡して「早くこれに着替えて!」とせかしてしまったりします。

あるいは、幼い子どもを着替えさせるときのように、腕を上げさせて袖を通そうとしたり、ズボンを広げて足を入れさせようとしたり、本人の意思を無視した行動をとってしまいがちです。また、かぶり物を前後逆に着たりしないようにと、ハラハラしながらそばでずっと家族が見守っているのも、うまく着替えられない自分をとがめられているように感じ、プライドが傷つきます。

「まだ？」「いつまでかかる？」など、せかす言葉は避ける

基本的に、着替えるのに時間がかかっても、「まだ？」とか、「いつまでかかってるの⁉」とせかしてはいけません。本人があせらないよう、「急ぐことないよ」「ゆっくりでいいですよ」と声をかけ、手伝うときも、「この色が似合うから、この服にしたら？」とほめ言葉を添えてすすめるといいでしょう。

迎えのスタッフが到着したら、スタッフにも協力してもらい、「今日の服、よくお似合いですね」などと声をかけてもらったりするのも効果的です。

プライドを傷つけない対応を

じっと見られていることがプライドを傷つけるようだと察したある家族は、本人の目に入らない隣の部屋からそっとのぞいて見守るようにしました。そして、本人が疲れて服を

ゴチャゴチャに放り出し始めたタイミングで、ここぞとばかり登場。「お母さん、この服、ステキよ」と声をかけたのです。疲れたせいか、本人も抵抗せず、スンナリとすすめられた服を着たそうです。本人のプライドを尊重する姿勢は、認知症の人に限らず、高齢者に接する際、心がけたいことです。

薄着で体調が気になるときは本人に言うよりエアコンなどで調節

症状が進むと、寒い日に半袖姿でいても本人は平気というようなことがよくみられます。寒いと感じていないのですから、「上着を羽織らないと寒いでしょ」「風邪をひくよ」と心配しても、むしろ押しつけがましく思い、「うるさい」「寒くないってば！」と嫌がります。こういう場合は、本人に言っても難しいので、体調を崩さないように、暖房を入れるなどして部屋の環境を調整しましょう。乾燥すると風邪をひきやすくなるので、加湿器を使うのも有効です。同じように、暑さに対しても感度が鈍くなります。熱中症予防のために、夏はエアコンなどを利用して環境を整えるよう気をつけます。

なお、家族には「うるさい」と感情を出しがちですが、第三者の意見は素直に聞く傾向があります。外出時の薄着が心配なら、ヘルパーさんや看護師、医師などに相談し、「お出かけのときは、コートを着ましょうね」などと言ってもらうという方法もあります。

身のまわりの工夫で着替えをサポート

ベッドサイドなど、本人が朝起きてすぐ目に入る場所に、着る順番に服をそろえ、前の晩から用意しておいたり、本人の服が入っているタンスに、引き出しごとに「パンツ」「Tシャツ」「ブラウス」など中身がわかるラベルを貼るなど、できるだけ自分で着替えができるような工夫をします。

服を選ぶ際にも、ボタンではなくファスナーを使ったものや、ウエストがゴム使いのズボンなど、着脱しやすいものを選ぶようにしましょう。最近は、高齢者用に工夫された服や靴などが普及してきています。

対応と工夫

- 「まだ?」など、せかす言葉は避ける。
- 体調が気になるときはエアコンなどで調節。
- 着る順番をそろえたり中身がわかるラベルを貼るなど自分で着替えができる工夫を。

カウンセラーのアドバイス①

認知症という病気を正しく知る

よい介護のためにも、介護者のストレス軽減のためにも、認知症という病気を正しく理解することが大切です。認知症とは、病気やケガによって脳の神経細胞が正常に機能しなくなり、認知機能が低下する状態です。認知機能のなかには、記憶力、判断力、理解力、抽象的思考力などさまざまな機能が含まれています。どの能力は保たれていて、どの能力に低下があるかを知ることは、的確なサポートにつながります。

たとえば、耳から入った情報は記憶が定着しなくても、文字による情報が記憶の想起に有効であるとわかれば、言葉で伝えるだけでなく、「明日9時に迎えにきます」と伝えたい事柄を紙に書いて、目の届きやすいところへ貼っておくことは、有効なサポートになるでしょう。その人の障害に合わせたサポートとコミュニケーション方法を選択することが必要なのです。

◈見当識障害とは

見当識障害とは、時間、場所、人物の認識ができなくなることをいいます。自分が置かれている状況を理解することが難しくなるということです。今日は何月何日で、ここがどこなのか、なぜここにいるのかわからない、そのような状態になったらどんなに不安なことでしょう。自分がなぜここに、こうしているのかという自分の存在自体を支える情報を失っていくのだと考えれば、その不安と一人でたたかっている認知症の人のつらさが理解できるのではないでしょうか。

不安が強くなれば、焦燥感や孤独感を感じることでしょう。受け入れられない現状が怒りとなり、身近な人に向けられてしまうことも多くあります。反対にその感情が内側に向き、抑うつや悲嘆などのかたちであらわれることもあります。

認知症の人の抱えている不安を同じように体験することはできませんが、その気持ちを理解しようと努めることはできます。病気を正しく理解したうえで、抱えている不安が軽減するように生活環境を整えることは、介護の負担を減らすことにもつながります。

4 食事をしたのに「食べていない」と言う

Case

人の分まで手を出したり、お菓子を一箱、一気に平らげたり

数年前から認知症となり、以来、娘夫婦と暮らしているDさん。物忘れや妄想など次々とさまざまな症状があらわれ、その対応に追われている娘さんですが、最近困っているのが、食事が終わってしばらくすると、Dさんが「ご飯、食べてない」と訴えることです。事情を知らない兄が来ているときも、「食べてない」と言ったため、「さっき、食べたばかりでしょ！」とつい責める口調になってしまいました。いただき物のお菓子をリビングに置いておいたら、いつの間にか一箱全部食べてしまったこともありました。デイサービスでも、隣の人の食事に手を出したりしているようです。そのうちお腹をこわすのではないかと、家族は心配しています。

脳の満腹中枢に障害が起き、いくら食べても満腹感を感じない

認知症になったからといって誰にもあらわれるわけではありませんが、軽度から中等度

の頃にみられる症状のひとつに「過食」があります。脳の満腹中枢に障害が起こり、そのため満腹になったと認識できず、いくら食べても満腹感を感じないという状態です。また、食べたこと自体を忘れて、「食べていない」と訴える場合もあります。

介護者としては、きちんと食事を用意して食べさせているのに、「食べていない」と何度も言われると、「食べたでしょ！」と言い返したくもなります。まして、事情を知らない人が聞いたら虐待と思われるのではないかと不安になり、つい強い口調で否定してしまいがちです。

「今、用意していますよ」と、拒否せず受け止める

そこで、「わかりました」と、まずは受け止め、「今、用意しているところですよ」「つくってますよ」「もうしばらく待ってくださいね」といったふうに答えましょう。そのうえで、違う話題に注意をそらしてみます。たとえば好きな音楽やタレントの話など、本人の興味のある話題を振ってみてください。

「まだ？」と催促に来るようなら、「手伝ってください」と、サヤエンドウの筋を取るなど簡単な作業をやってもらいましょう。また、「買い忘れた材料があったわ」と気分転換に買い物に誘うのもよい方法です。時計を指差して、「○時になったら食事ですよ」と伝

えたり、食事の時間が近ければ、食器を並べるなど食卓の準備に参加してもらうのもいいでしょう。

カロリーゼロや低カロリーの食品でつなぐ

また、「ご飯までのちょっとの間、これを食べていてください」と、低カロリーのものを食べてもらう方法もあります。最近は、カロリーゼロや低カロリーのゼリーやクッキー、チョコレートといったお菓子類が市販されています。

なお、果物は糖分が多く、カロリーの高いものもあるので、糖尿病を合併している人や肥満の人などは要注意です。食べていいもの、ダメなものの区別は医師にあらかじめ聞いておきましょう。

必要に応じて冷蔵庫や食品収納棚などに鍵をかける

いただいたお菓子を一箱食べてしまったDさんのように、目につくところに好きなお菓子などがあると、限りなく食べてしまいますから、目の届かないところにしまっておきます。

あるケースでは、夜中に起き出して、冷蔵庫に入っていたアイスなどを探し出し、台所の床に座り込んでパクパク食べていたといいますから、食品の保管と管理には気をつけなければいけません。このケースでは、家族の目が離れるときや夜間は、冷蔵庫に鍵をかけることにしたそうです。ベビー用安全グッズとして粘着式の簡易ロックが販売されています。また、冷蔵庫の前にパーテーションやロールスクリーンなどを設置して見えなくすると、そこに冷蔵庫があることがわからず開けようとしないこともあります。

三度の食事を低カロリー・高タンパク食に

逆に、食卓など目に触れやすいところに、ノンカロリーのお菓子などを置いておくと、いつでも食べられる物があるという安心感を与えることができます。ちなみに、甘味は、認知症が進行しても最後まで残る味覚だそうです。お菓子類に目がいくのは、しかたのないことなのでしょう。

また、三度の食事も、できるだけ高カロリー食にならないように工夫しましょう。カロリーは抑えても、豆腐などの大豆食品や鶏ささみなどを使って高タンパクのおかずを用意します。また、ご飯も粒こんにゃくを混ぜて炊くなどして、1食分のカロリー量を減らしてはどうでしょう。ご飯がすすむ濃い味つけを避け、薄味にします。高齢者は高血圧や糖尿病などを抱えている人も多いので（第3章25参照）、健康管理のうえでも効果的です。

1食分のカロリー量を抑えれば、食事回数が増えても1日の総摂取カロリーは前とあまり変わらないように調節することができます。

一般に、過食の症状は、運動量が多く新陳代謝が活発な人にあらわれやすいとされています。そういう人はDさんのように過食になっても、意外とお腹をこわしたりすることは少ないようです。

デイサービスでの食事のトラブルは、職員に事情を説明し、座る席や食事の出し方などを検討してもらいます。

過食は、いつまでも続く症状ではありません。体調にとくに問題が生じなければ、ここにあげたような工夫で対応してみましょう。

対応と工夫

- 否定せず、「今、用意していますよ」などと受け止め、違う話題に注意をそらす。
- 低カロリーのゼリーやお菓子などでつなぐ。
- 冷蔵庫や食品収納棚などに鍵をかける。
- 三度の食事を低カロリー・高タンパク食に。

コラム

「異食」への対応

食べられる物と食べられない物の判断ができなくなり何でも口に入れてしまうのも認知症の症状で、「異食」といいます。石鹸やティッシュを食べようとしているのを見つけると、家族はびっくりして、「何、食べてるの！」と思わず大声を出してしまいがちですが、本人が驚いて喉《のど》に詰まらせてしまうこともあるので、落ち着いて穏やかに対応してください。好物を見せて、「大好きな○○ですよ、どうぞ」と差し出し、口の中の物を出させます。

異食による事故は予防が大切です。食品と紛らわしく、口に入れると危険な物はあらかじめ本人の目につかないところへ片づけます。たとえば、スポンジ、石鹸、タバコ、防虫剤、漂白剤などです。生の肉や、醤油、ソースなどの調味料、香辛料は食べ物ではあってもそのまま大量に食べると危険なので、やはり見えないように保管しておきます。

また、万が一、危険な物を飲み込んでしまったときのために、応急処置の方法や緊急連絡先なども調べておきましょう。日本中毒情報センターのホームページ（http://www.j-poison-ic.or.jp/homepage.nsf）には、一般向けの情報も載っています。

5

入浴を嫌がり、無理に入れようとすると暴力をふるう

Case

本人はデイサービスで週1回入れば十分と言うけれど

お風呂に入りましょうと誘っても、「大丈夫！」と嫌がるEさん。アルツハイマー型認知症と診断され3年たちますが、体は元気です。デイサービスで週1回は入浴しているので、Eさんはそれでいいと言いますが、冬はともかく、暑い季節は入浴か、せめてシャワーを浴びてさっぱりしてほしいと家族は思います。何とか風呂場まで連れていき、服を脱がそうとすると、暴れて「何をする！」と殴りかかってきます。体格もよく、力もあるので、妻と娘さんの2人がかりでの入浴介助となります。しかも、体を洗っている間も嫌がって暴れることがあり、家族はEさんの入浴で疲れ果ててしまいます。

入浴を嫌がる理由はその人によってさまざま

認知症になると、入浴を嫌がる人は少なくありません。「面倒だから」「お風呂は嫌い」「風邪気味だから」「少し熱があるようだ」「かえって風邪をひくことになる」「ちょっとやるこ

とがあるから」「お風呂はくたびれるからイヤ」「昨日、デイで入った」など、さまざまな理由を並べ、入浴を拒否します。

原因として、入浴のために人前で服を脱ぐということに対する抵抗感や、脱衣や入浴の手順などを忘れていたり、本当にお風呂に入ったと思い込んでいる場合などが考えられます。入浴中の粗相をとがめられて入浴を拒否するようになるケースや、蛇口の操作を間違えて熱い湯を出して大騒ぎしたことでお風呂が嫌になったという人もいます。

無理に入らせようとすると、ますます意固地になって強く抵抗するのは、入りたくない理由を知られたくなかったり、自分の思いが否定されているように感じるからでしょう。粗相をしたときの言葉かけや、トラブルを起こしたときの対応などに気をつけないと、それがきっかけで拒否につながってしまいます。

「いい気持ちになりますよ」と、お風呂に入るといいことがあると誘ってみる

家族にしてみれば、夏の暑い時期にもデイサービスの週1回だけでは気持ち悪いのではないかと思ってしまいます。だから入浴をすすめているのに、Eさんのように暴言を吐いたり暴力をふるうなど頑なに入浴を拒否されると、こちらも力で対抗するようなことになりかねません。

入浴を誘うときの言葉かけも、「汗臭いし、昨日も入っていないんだから！」などと相手を否定するような言い方をしてしまうと反発を招くだけです。「シャワーだけでも浴びて、いい気持ちになりましょう」とか、「お風呂に入ると、顔色がよくなってキレイよ」などと、入浴するとこんないいことがあるとすすめてみましょう。

下着をつけたままでシャワーもＯＫ

もともと羞恥心の強かった人は、入浴の際、人前で服を脱ぐことに抵抗感を強く持ち、それが拒否につながることがあります。そういう場合は、体の正面から手伝うのをやめて、背中側から手を貸し、バスタオルで裸を隠すというような気づかいをすると安心することもあるようです。

また、服を脱ぐことに抵抗のある人には、気をそらす言葉かけなどを工夫します。たとえば、脱衣場の鏡など見て、「今日の顔色、いいですね。（お風呂に入ると）もっとピンク色になりますよ」とか、「髪を洗ったら、きれいにブローしましょうね」というように声をかけてみます。

「次はシャツ脱ぐよ」「次はズボン脱ぐよ」など、これから何をするか、ひとつずつ声をかけながら手伝うようにします。こうすると、服を脱ぐ順番がわからなくても困らずにすみます。着替えのときにも同じようにするのがいいでしょう。

さらに、どうしても全部脱いで裸にならなければならないわけではないと、介助する側が脱衣にこだわらない姿勢も必要でしょう。「パンツをはいたままでいいですから、ここに腰かけてください」と、浴槽用の椅子に下着を着けたまま座ってもらいます。その状態で、シャワーをかけていきます。下着が濡れてくると、本人も気持ち悪くなるのか、自然と脱ぎ始めることもありますし、オムツなら濡れて落ちます。下着が濡れたとしても、どうせ洗濯するわけですから、あまり気にすることはありません。

明るいうちでも、きっかけがあれば入浴を

入浴時間を変えてみるのも一法です。夜寝る前に入浴する人が多いと思いますが、朝、お風呂を沸かして、「朝湯は気持ちいいですよ」とすすめると、「そうかな」と入ることがあります。明るいうちのお風呂は、気分転換になることも。

また、外出前に、「出かけるので、ひと風呂浴びてきれいにして行きましょう」とか、訪問看護や訪問診療などで看護師や医師が来る前、来客の前などに、「○○さん（○○先生）が来られるから、きれいにしておきましょう」などと入浴に誘ってみましょう。

入浴手順がわからなくなっているなら、いっしょに入浴

入浴は、服を脱いだり、体や頭を洗うなど、いろいろな手順があり、けっこう手間のかかる行為です。その手順を忘れていて、入浴を拒否する人も少なくありません。体や髪の洗い方を忘れてしまったために、裸でお風呂に入ってもどうするのかわからず、体を濡らしただけで出てくることもあります。

どうやら体や頭を洗う手順を忘れているようだと思えるときは、家族がいっしょに入浴し、手伝います。その際は、椅子や床にお湯をかけてあらかじめ温めておきましょう。また、急にお湯をかけられたりすれば、誰でもびっくりし、次は何をされるのかと不安になるものです。洗う際には必ず、「次は、頭を洗うよ」「次は足を洗うよ」と、声かけをしながら行うことが大切です。お湯は足元からかけていき、「気持ちいい？」と、温かさを確認しながら行いましょう。

ただ、人によっては、お嫁さんとは嫌、同性じゃなくては嫌、ということも。おもな介護者との入浴を拒否する場合は、他の家族や親戚に手伝ってもらったり、デイサービスの入浴サービスを利用しましょう。事前に、お風呂に入りたがらないことを伝えておくと、職員が様子をみながら声かけをしてくれるはずです。

対応と工夫

- 入浴を嫌がる原因を探る。
- 羞恥心の強かった人には、バスタオルで裸を隠すというような気づかいを。
- お風呂に入るといいことがあると誘ってみる。
- 朝風呂や、外出前の入浴など、入浴時間を変えてみる。
- 入浴手順がわからなくなっているならいっしょに入浴。洗う際には、声かけをしながら。
- デイサービスの入浴サービスを利用する。

6 下着やズボンを下げるのが間に合わず、トイレ介助が必要に

Case

トイレや服を汚してしまう

妻と二人暮らしのFさんは、このところ服や下着を下げるのが間に合わなくなったらしく、トイレが尿や便で汚れることが増えてきました。けれど、「お父さん、気をつけてくださいね」と言っても、「俺じゃないよ」ととぼけます。先日は、トイレまで間に合わずに廊下が尿で濡れ、服も汚れたので着替えさせることになりました。そろそろオムツが必要かと思い、一度、夜だけ使ってみたところ、嫌がって自分で外してしまいました。そうなると、布団を汚すようになるのは時間の問題と、妻は困っています。

トイレに間に合わないのは認知症のせいだけではないことも

Fさんのように、下着をおろすのが間に合わずに粗相をしてしまうのは、記憶障害による症状というよりも、動作が遅いために起こることです。認知症でなくても、加齢に伴って起こりがちなことといえるでしょう。ただ、認知症の場合、とくに血管性認知症で麻痺

があると、スムーズな動きができず、トイレの場所や下着をおろす手順はわかっていても、間に合わないことがみられます。

もちろん、認知症に伴う記憶障害により、排せつはトイレでするものであること、すませたあとはお尻を拭《ふ》くこと、というような、病前は何気なく行っていた日常的な行為がわからなくなっている場合もあります。しかしその場合は、トイレではなくお風呂場に行って排せつをしたり、下着の中にしてしまい、不快感から自分で脱いで、汚れたパンツをベッドの下などにためておくというような行為があらわれます。

「もう、汚しちゃって！」など、きつい叱責や非難の言葉は控える

粗相をされると、家族は、「もう、汚しちゃって！」とか「汚いんだから！」などという言葉が思わず口をついて出てしまうものです。しかし、叱責《しっせき》や非難の言葉を耳にすると、本人は、自分の人格を否定されたような気になります。とくに、記憶障害がまだら症状の段階の人なら、相当つらい思いをしていることでしょう。

単に間に合わなかっただけで、トイレの場所も、排せつの際に下着を下げることもわかっていたというような場合、自分の状態が理解されないことを情けなく感じたり、恥ずかしく思ったりします。恥ずかしい、叱られる、といった気持ちが強く残ると、さらに症状

が進んだときに、汚れた下着を隠したり、あわてて便を手で拭き、それをトイレじゅうにこすりつけて始末しようとするような行為に発展することがあります。介護者は、騒がず、きつい叱責や非難の言葉を控え、できるだけ冷静に対応することが大切です。

異性が介助する際は、用を足している間は視線を外すなどの配慮を

また、介護者が異性の場合は、それなりの配慮が必要です。長年連れ添った夫婦であったり、親子であっても、多くの場合、介助される側、介助する側双方に戸惑いがあります。とくに、女性が男性に介助されることに抵抗感を覚えるケースは多く、認知症の妻を介護している男性は、排せつの介助のとき、妻がもじもじと恥ずかしそうにするので、かえって気をつかうといいます。

入浴であれば、デイサービスなども利用できますが、排せつの介助はそうもいきません。できるだけ自力での排せつをサポートしていきますが、介助が必要になったら、淡々と対応するようにしましょう。同性でも、粗相を責められるのはつらいもの。異性、それも夫から「また、もらしちゃって！」などと言われたら……、とわが身のことに引き寄せ想像し、叱責や非難の言葉はつつしみましょう。

また、トイレで便座に座るところまでは支えても、排便や排尿をしている最中は視線を

外すなどの気づかいも大切です。

できるだけ自力排せつを支える

まずは、朝起きたときや毎食後、昼寝起きや夜寝る前など、排せつのタイミングをみて、「トイレに行きましょう」と誘い、習慣づけるようにします。

動作が遅くて間に合わずに失禁するような場合は、ズボンをウエストゴムのものにして、おろしやすくするなど、服装にひと工夫を。また、トイレまでの移動を介助したり、部屋にポータブルトイレを置くなど、できるだけ自分で排せつできる環境を整えます。粗相があるから即オムツというのではなく、できるだけ自力排せつを支えるようにしましょう。

異性の家族による介護に抵抗感を持っているような場合は、なるべく異性介助の回数を減らせるように、ヘルパーさんに来てもらう時間帯を調整するなどします。必要なら、ベッドに防水シートを敷きます。

オムツを使うときは「誰でも使っているものですよ」とすすめてみる

最近は、オムツもパンツタイプが普及し、下着をつける感覚で使えるようになっています。テレビのCMなどでもその便利さを伝えているせいか、以前にくらべて、抵抗なく使う人が増えているようです。使うことに抵抗を示すようなら、「誰でも使っているものですよ」などと、押しつけがましくならないように気をつけながら、すすめてみましょう。

排せつやオムツ選びなどで困ったら、かかりつけの病院に相談したり、排せつケアの認定看護師や、排せつに関して指導してくれる排せつ機能指導士などを紹介してくれるよう頼んでみるのもいいでしょう。これらの専門家が地域のどの病院にいるか、わからないときは、もよりの地域包括支援センター(*)や保健センターなどに問い合わせましょう。

(*)高齢者の生活を支える拠点で、全国の市区町村に設置されている。保健師、社会福祉士、ケアマネジャーなどが高齢者や家族の相談に乗っている。

対応と工夫

- 「汚いんだから!」などのきつい叱責や非難の言葉は控える。
- 異性が介助するときは、用を足している間は視線を外すなどの配慮を。
- できるだけ自力排せつを支える。
- 排せつやオムツ選びなどで困ったら、かかりつけの病院やもよりの地域包括支援センターに相談を。

コラム

トイレ環境を整える

自分でできるだけ排せつができるように、本人が使いやすいようなトイレ環境をつくります。トイレの位置がわかり自分で部屋からトイレまで行ける人なら、まずそこを安心して使えるようにしましょう。たとえば、トイレの入口の段差をなくし、便器の脇に手すりをつける工事なら、ケアマネジャーを通して専門の業者に依頼すれば、介護保険の住宅改修サービスで費用の一部がまかなわれます。夜間がとくにうまくいかないという場合は、部屋からトイレまでの通路に足元を照らすライトをつけると歩きやすくなり自分で行けるようになるかもしれません。人感センサー付きのものにすれば電気代の心配もそれほどしなくてすむでしょう。

認知症が進むと、長年住み慣れた家であってもトイレの場所がわからなくなったり、トイレから出て部屋に帰れなくなったりすることがあります。そんな徴候がみられたら、トイレと居室の入口に見てすぐわかるような表示をするのもいいでしょう。あるいは、介護保険の福祉用具購入サービスを使って、居室内にポータブルトイレを置くことで、間に合わないかもしれないという不安が軽減されることもあります。介護保険で使えるサービスは、巻末資料の１９４頁を参照してください。

カウンセラーのアドバイス②

誰かに話を聞いてもらうことで自分の気持ちを客観視できる

認知症の進行に伴い出現するＢＰＳＤ（15頁参照）の対応に疲れ、介護者が自分の感情のコントロールができずに、声を荒げてしまうことがしばしば起こります。介護者はその行為に罪悪感を持ち、必要以上に自分を責めてしまうことがあります。同じ行動でも穏やかに対応できるときと、そうはいかないときがありませんか？　自分がどのような状態のときは感情のコントロールができないのか、どのような行動に対して怒ってしまうのか、自分の気持ちを客観的にみることは大切です。自分の気持ちを客観視するためには、信頼できる他者に話を聞いてもらう機会を持つことです。

◆家族会へ参加することのメリットと注意点

話を聞いてもらえる場として家族会などがあります。最近では、オレンジカフェ（101頁参照）などでも家族が話をできる機会や場所ができました。近隣で開催されている家族会などを一度訪ねてみるのもよいでしょう。自分と同じように自責感に悩んでいる人の話を聞き、苦しんでいるのは自分だけではないと知ることで、自分を責める気持ちが少しラクになることもあります。ただし、自分と同じように思っている人ばかりが参加されているとは限りません。立派に介護しているという話を聞き、自分の介護とくらべて自責感が増してしまうことも時にはあるでしょう。人とくらべて自分を責めることのないように注意しましょう。他人にとってのよい介護が自分にとっても最良というわけではありません。ひとつのやり方にこだわらないということも大切です。

◈個別のカウンセリングを受ける

十分に時間をとって一対一のカウンセリングを受けることも大変有効です。家族会のように大勢の前では話せないことも相談できるというメリットがあります。自治体によっては、介護する家族への支援策として、無料でカウンセリングを受けられる窓口を設けているところもあります。自治体主催のカウンセリングは利用回数などに制限がありますが、まずはそのようなサービスを提供しているのか調べてみるとよいでしょう。カウンセリングで話すことは、介護に関することだけでなくてもよいのです。介護者としての自分から離れて、自分自身の気持ちとゆっくり向き合う時間も大切です。

家族会などで多くの人の意見を参考にしたいと思う人もいれば、一対一でじっくり話をしたい人もいるでしょう。いずれにしても、自分に合った方法を選ぶことが大切です。

7 夜中に大声をあげたり、動き回って眠らない

Case

夜になると騒ぐため、家族も睡眠不足になってしまった

1年ほど前から認知症の症状があらわれてきたGさんですが、最近は夜になると「窓から誰かのぞいている」などと騒ぎ、寝ている家族を起こしに来ます。興奮がしずまるまで家族もなかなか眠れません。やっと眠りについたかとホッとしたのもつかの間、また「おかあさーん、おかあさーん」と大声をあげ、介護にあたっている娘さんが部屋になだめに行くまで家中を歩き回って叫んでいます。娘さんはもちろん、他の家族も睡眠不足で疲労がたまり、体調を崩しそうです。

かゆみや痛み、トイレが近くなって眠れないでいることも

年を重ねるにつれ、眠りが浅くなり、夜中に何度か目が覚めることがよくみられるようになります。その結果、昼間に眠くなって、寝て過ごす時間が長くなり、夜になっても寝つきが悪く、頻繁に起きるという悪循環に陥ります。

このような昼夜逆転は、認知症の人に多い症状のひとつです。夜間に十分眠れていないために起こり、その原因は大きく分けて、身体的なものと心理的なものとがあります。身体的な原因として一番多いのが、昼間の活動不足です。そのほか、かゆみや痛み、男性であれば前立腺肥大症などによる夜間頻尿など、高齢になるほど入眠、安眠を妨げる要因は増えていきます。かゆみや痛みといった不快な症状をうまく伝えられずに騒ぐこともあるので、そうした不快な症状がないか、またその症状の裏に何か病気が隠れていないか、確かめる必要があります。心理的な原因としては、不安や恐怖があります。

また、せん妄（第3章21参照）を起こしている可能性も考えられます。せん妄の状態にあると、「窓から誰かのぞいている」とか、「あそこにヘビがいる」「隣の音がうるさい」などと言って、騒いだり、叫んだりすることもあります。主治医に、夜間の様子なども説明し、何らかの身体的なトラブルが隠れていないか、よくみてもらいましょう。

本人の訴えを否定せず、まずは受け止める

いるはずのない人やそこにはない物におびえて騒がれると、家族も安眠を妨げられたいらだちから、「何、言ってるの！」「何もいないじゃない！」と否定してしまうのが、ふつうの反応だと思います。けれども、本人は本当にそこに何かいると思っているのですから、

よく確かめもしないで頭ごなしに打ち消されても、不安や恐怖は消えません。窓から誰かがのぞいていると本人が言うなら、窓のところへ行って、「いませんよ」「大丈夫ですよ」と確認してみせ、安心させるように答えましょう。幻視や幻聴への対応は、第2章18を参照してください。

デイサービスの利用や散歩や買い物などで日中の活動量を増やす

夜間に眠れないのは、基本的に日中の活動量が少ないことが影響しています。そこで、デイサービスの利用をおすすめします。通うことで居眠りがしにくくなります。利用者やスタッフなどたくさんの人に会い刺激を受けますし、レクリエーションや軽い体操などのプログラムもあり、いやおうなく昼間の活動量が増えます。デイサービスのない日は、買い物につき合ってもらったり、散歩をするなど、昼間に体を動かすようにうながします。

せん妄で夜騒ぐような場合は、家族が交代で添い寝をするのはどうでしょうか。夜中に起きたら、「大丈夫」と、安心させるようにします。「何！ どうしたの！」などと大声で対応すると、驚いてかえって騒ぐことがありますから、しっかりと目を見て、穏やかな口調で話しましょう。興奮して眠れないようなら、温かい飲み物などをつくって出し、落ち着かせるのもいいでしょう。

部屋の温度や湿度、明るさなどを調整して睡眠環境を整える

睡眠環境を整えることも大切です。ある家族は、夜9時頃に家の電気を消して、家族全員でいったん就寝するようにしたところ、本人も落ち着いて入眠できるようになったといいます。

部屋の温度は暑すぎず寒すぎず、また湿度も乾燥しすぎないように、必要に応じてエアコンのタイマー機能なども利用しながら調整します。照明は、真っ暗にすると不安をかきたてるので薄明かりにします。トイレまでの廊下などにも、明かりをつけておきましょう。気持ちを落ち着かせるエッセンシャルオイルを枕に数滴たらしたり、アロマランプなどを利用するのも効果的。比較的入手しやすいものに、ラベンダーやカモミールがあります。

対応と工夫

- かゆみや痛みなど不快な症状がないか確かめる。
- 幻視や幻聴に対しては、否定せず、まずは受け止める。
- 日中の活動量を増やす。
- 睡眠環境を整える。

8 大の料理好きだが、火の始末が心配

Case

ひとり暮らしの部屋を訪ねたら、鍋が焦げついていた

Hさんはひとり暮らしですが、料理が大好きで、いつもたくさんつくっては隣近所に配り、みんなに喜ばれていました。ところが最近、近所に住む娘さんがたまたま訪ねたときに、ガスレンジに鍋がかけっぱなしになっているのを発見。中の煮物はもちろん、鍋も焦げついてしまって煙が立っていました。火事になっていたらと思うと心配でたまりません。じつはHさん、認知症の診断を受けていますが、まだ本人には伝えていません。また、以前から娘さん宅での同居に誘っていますが、拒み続けています。ひとり暮らしが気楽でい い、と本人は言いますが、まだ要介護1なので、ヘルパーさんが毎日訪問してくれるわけではありません。娘さんも仕事を持っているので、どう対処したらいいのか悩んでいます。

病気が進行しても慣れ親しんだことや得意なことはできる

認知症になったら何もかもできなくなっていく、と思われがちですが、長年やってきた

ことや得意なことは、病気が進んでも以前とあまり変わらずできたりします。Hさんにとっては、それが料理でした。つくった料理をみんなが喜んで食べてくれるのが励みにもなっているのでしょう。病気になってもできることは、庭仕事だったり、歌を歌うことだったり、人によっていろいろです。たとえば、文字が読めなくなり、テロップの歌詞の意味がわからなくなっても、大好きな曲なら古い記憶を頼りにフルコーラスを朗々と歌い切る人もいます。

とはいえ記憶障害があるので、途中で電話がかかってきたりしてガスコンロから離れ火にかけた鍋が視界から消えると、ガスを使用中だったことをすっかり忘れてそのままになってしまうことがあります。でも、本人は、できることは自分でやりたいのです。危ないからといってただ禁止するのではなく、自分でできるように手助けしてもらえることを望んでいます。

本人に言うより、危険度の低い調理環境を整える

認知症の人は一般に、自分に不利なことは認めたがりません。焦げついた鍋を隠したり捨てたりして取り繕《つくろ》うことがよくあり、そのため家族が気づくのが遅れることもあります。また、火事になりかかったこと自体を忘れてしまうこともあります。

家族は、本人の身の安全を心配して、きつい言葉で注意をしてしまいがちですが、「気をつけて！」と言っても、認知症の記憶障害のために起こることなので、本人には気をつけようがないのです。

ひとり暮らしの家なら、ガスの契約を解除して強制的に料理ができないようにしてしまうこともできますが、楽しみを無理やり奪うようでしのびないもの。「もう料理はしなくていいから」などと単純に台所に立つことを禁止したりすると、孤立感を深めてしまいます。本人の行動を制限するより、家族といっしょにいるときだけ元栓を開けたり、火事を予防する器具を利用したりして、事故になりにくい環境を整え、危険度を下げるようにしましょう。

プライドを傷つけないように見守り態勢をつくる

火事にならないようにするためには、「火を使わない」「火の見守りをサポートする」の2つのやり方が考えられます。

「火を使わない」やり方には、炎の上がらないＩＨヒーターに取り替えるという手段があります。ただ、新しい機器の使い方を覚えるのは難しいので、機器を交換した場合は、料理中にＩＨの使える人が誰かサポートする必要があります。そのことで見守りもできます。最近のガス器具には自動消火機能がついているので、新しいガス器具に取り換えるのもよいでしょう。

病状が進行し、すでに元栓を開けたり閉めたりができなくなっている場合は、使わないとき、見守りのないときに元栓を閉めておけば火を使わずにすみます。ある家族は、元栓を閉めて「このガスコンロは故障していて使えません」と大きく書いた紙を貼ったら、コンロを使おうとしなくなったそうです。認知症の人のなかには、口で言うより文字で書いたほうが伝わりやすいケースも多いので、使わないでほしいときは、紙に書いて目立つところに貼ってみましょう。

「火の見守りをサポートする」場合は、得意なことを否定しないように気をつけましょう。いっしょに料理するなら、何から何まで勝手に代わりにやってしまうのではなく、材料を洗ったり切ったりなど火を使わない部分を本人にやってもらい、焼いたり煮たりをまかせてもらうようにします。「お母さんの得意料理のつくり方を教えてください」「火加減を教えてくれますか?」と、得意なことを認めて尊重しながら、協働作業としてサポートします。ヘルパーさんに料理をお願いするときも、ただ手伝いに来てくれたという説明をするより、「お母さんに料理を習いにいらしたのよ」と紹介するなどしたほうが、ヘルパーさんとの関係がスムーズにいくことがあります。

できることに目を向けつつ、火事にならない工夫を

「おいしい料理をつくりたい」という意欲があり、実際につくる能力があることを大切にしながら、火事を出さないようにまわりの環境を整えることをまず考えます。火事になりにくい機器に交換したり、火災報知機をつけたり、コンロまわりを整理して燃えやすい物をどけるといった対処は必要です。また、万が一に備えてカーテンやカーペットなどは耐火性の高いものに取り替え、燃えやすいフリースの服を部屋着にしていないかといった目配りも必要です。

安心してやりたいことに取り組める環境をつくったら、おいしい料理ができたときには本人といっしょに喜びましょう。おいしいと思ったら、「おいしいよ」と伝え、「今度つくり方を教えてね」と気持ちの張りになるような言葉がけをします。

利用できるサービスを探し、どう活用できるかを考える

ひとり暮らしを続けたいというHさんの意思を尊重し、続けていくためにはどんな手助けが必要か、状態の変化に合わせてその都度見直しながら、役に立つ介護サービスを積極的に利用しましょう。

Hさんは要介護1とのことですが、ヘルパーさんのほか、デイサービスも利用できます。

デイサービスのなかには、レクリエーションとして利用者とスタッフがいっしょに料理をするプログラムを持っているところもあります。担当のケアマネジャーに相談して、本人が通いたくなるようなデイサービスをいっしょに探してみてはどうでしょうか。

対応と工夫

- できることに目を向けつつ、事故になりにくい環境を整える。
- IHヒーターや自動消火機能つきのガス器具に取り換える、火災報知機をつける、コンロまわりを整理するなどの対処を。
- いっしょに料理するなら、「つくり方を教えて」などと声かけし、協働作業としてサポートする。
- 料理をするプログラムを持っているデイサービスを利用。

9

服薬を忘れるのできちんと飲ませたい

Case

持病の薬を飲み忘れていないか、確認できなくて不安

半年前に認知症と診断されたIさんはひとり暮らしです。遠くに住む娘さんが心配して毎日電話しています。Iさんが高血圧症をわずらっていることもあり、毎日きちんと薬を飲んでいるのかどうかがとくに気になります。「お母さん、ちゃんと薬飲んだ?」と聞けば、「飲んだ、飲んだ」と答えますが、そばにいて実際に確認できるわけではないので、本当に飲んだのかどうか心配でしかたありません。ヘルパーさんに服用を確認してもらうようにお願いしたところ、Iさんの服のポケットから薬が出てきたという報告がありました。不安は膨らむばかりです。

どれをいつ飲むのかわからない

記憶障害のために、薬を飲まなければならないことを忘れたり、飲んだかどうかを忘れたりといったことが起こります。あるいは、順序立てて物事を理解したり、実行したりす

る機能が低下するために、どの薬をいつ何錠飲まなければならないかがわからなくなるといったことも起こります。

高齢者の多くがIさんのように高血圧症をわずらっていたり糖尿病があったりして、その治療薬を処方されています。さらに身体のどこかに痛みがあれば鎮痛薬、便秘の人には緩下薬《かんげやく》（作用のゆるやかな下剤）、眠れない人には睡眠薬といった具合に、何かあれば薬の種類も増えてしまいがち。しかも薬ごとに「朝・昼・晩1錠ずつ」「夜寝る前に2錠」と飲まなければならないタイミングと用量が異なり、認知症でなくとも間違えてしまいそうなぐらい複雑です。

また、自分が病気であることがわからなくなると、薬を毒だと思い込んで飲むのを拒否することもあります。薬の形が大きくて飲み下しにくかったり、味が苦くて嫌いだったことから、服薬を嫌がるようにもなります。

飲んだかどうかを毎回確実に把握するのは同居家族でも難しい

服薬は1日に数回ありますから、ひとり暮らしや遠距離介護だとまったく手助けができません。といって、飲み忘れれば持病が悪化し、逆に飲みすぎてしまっても、場合によっては命にかかわる事態になりますから、Iさんの娘さんは電話で本人に確認しようとしています。けれども、どんな答えが返ってきたとしても、それが本当かどうか怪しく、ますます不安をかき立てられる始末です。

同居であっても、家族が仕事に出ているなどして、ひとりで食事をし自分で薬を飲んでいると、飲んだかどうか正確に把握することは難しいもの。押入れに古い薬が大量に隠してあるのを見つけて、古いものを捨てて仕分けをしようとしたら「自分でできるから、さわらないで!」とすごい剣幕で怒られたという家族もあります。

信頼関係と本人のプライドを大切にしながら声かけをしていく

電話だけで服薬の確認をするのは無理があるうえに、あまりしつこく「飲んだ?」と尋ねると、「自分でちゃんと飲めるから大丈夫!」と反発されて、信頼関係が壊れてしまうことも。それでは服薬以外のことでも手助けが必要なときに、素直に受け入れてもらえなくなってしまいます。「健康に長生きしてほしいから、薬はちゃんと飲んでね」と優しく言ったほうが効果的です。

そんな声かけをしつつ、飲み込むところまで見届けてもらえるように、服薬のタイミングに必ず人の目が入るような見守りのシフトを整えていきます。薬の管理を本人だけにまかせておくのは危険なこともあるので、同居の場合でも服薬が確実にできるような態勢をつくりましょう。古い薬をためこんで隠していたりするときは、押しつけがましくならないように気をつけながら、「押入れの整理をいっしょにしましょうか」と声をかけるなどして、薬を見つけてもとがめずに処分します。訪問看護師や薬局の薬剤師などの専門職にお願いして「古い薬を間違えて飲むと危ないですよ」と言ってもらえば、本人のプライドを保ったまま処分しやすくなります。

薬を飲まない理由や原因に応じて対応する

対応方法としては、まず、なぜ薬を飲まないのか、理由あるいは原因を探ります。飲み忘れてしまうのなら「お薬カレンダー」の利用を検討します。「お薬カレンダー」は、壁にかけるカレンダーに「朝・昼・夜・寝る前」に分けたポケットがついていて、薬剤を入れておくことができるようになっています。

毒だと思い込んでいるなら、家族が説得するより、医師、看護師、薬剤師といった専門職から本人に、病気がよくなる薬だということをわかりやすく説明してもらうといいでしょう。

いずれにしても、自分でできると思っていることには勝手に手を出さないように注意します。たとえば薬のシートを1個ずつ切り離して「お薬カレンダー」のポケットに入れていくなど、できることをやってもらいながら、それを手伝うというかたちでサポートすると受け入れてもらいやすくなります。

服薬回数を減らせるよう、処方を見直してもらう

どの薬をいつどれだけ飲めばいいかわからずに混乱してしまっているだけで、それさえわかれば自分で薬が飲めるのであれば、「お薬カレンダー」を試してみるのがいいかもしれません。薬局に処方箋を出すときに頼めば、服用1回分ずつに分けて包装してもらうこともできます。

薬剤師が自宅を訪問して、服薬指導や服薬・保管状況、残薬の確認などを行う介護保険サービスもあります。ケアマネジャーに相談してみてください。

また、主治医に処方の見直しを相談してみましょう。薬を飲まなければならない回数が減れば、見守りを必要とする回数も少なくてすみます。毎日3回ずつだとすれば1週間に21回分もの見守りのローテーションを組まなければなりませんが、朝1回ですむように処方を変更してもらえれば、服薬見守りのローテーションは週7回になります。そのくらいならたとえば、週に3回はデイサービスで服薬を見守ってもらい、残り4回を近所の仲良しさんに頼むといったことができます。

薬が飲みづらくて服薬を嫌がる場合は、シロップや貼り薬などに変えられないか、相談してみてください。高齢者によく用いられる薬にはいま、いろいろな形のものが開発されて販売されています。

なお、多剤併用の副作用については、第3章20を参照してください。

対応と工夫

- 薬を飲まない原因を探る。
- 飲み忘れには「お薬カレンダー」の利用を。
- 服用1回分ずつに分けて包装してもらう。
- 薬剤師が自宅を訪問して、服薬・保管状況などを確認してくれるサービスを利用する。
- 服薬を見届けてもらえる見守りのシフトを整える。
- 声かけは、本人のプライドを尊重して。

カウンセラーのアドバイス③

ひとりで抱え込まない

まじめで一所懸命な介護者ほど、介護をひとりで抱え込んでしまいがちです。ひとりで何でも解決しようと思わずに、時には、デイサービスやショートステイなどを利用しましょう。ケアマネジャーなどの専門家に相談をしてみましょう。

自分の時間をすべて犠牲にして「介護している相手」のためだけを考える介護は、限界があります。これが正解という介護も、完璧な介護もありません。ひとりで抱え込まず、上手にサービスを利用しながら、時には自分を十分に休ませることが、よい介護のためには大切だという認識を持つことです。

◆病気をきっかけに家族関係の問題が表面化することも

家族にはそれぞれの長い歴史があります。どの親子関係も、どの家族関係も良好な関係とは限りません。これまでうまくやってきた親子や夫婦でも、病気をきっかけにひそんでいた問題が表面化することもあります。

カウンセラーとしてこのようなケースの相談を受けたときは、現在の介護に関する話だけでなくこれまでの親子関係や、夫婦関係についても話をゆっくり伺うことがあります。自分の気持ちを抑え込んで介護に向かうより、自分の抱えている葛藤に気づくことで、気持ちがラクになることがあるからです。

家族の介護は、家族がすべてをしなければいけないというものではありません。なるべく介護サービスをたくさん利用して、人にまかせられるところはできるだけまかせることで、介護する人も介護される人も幸せになることもあるのです。

10 車の運転をやめさせたいが、「大丈夫だ」と言って取り合わない

Case

長年運転してきた自信があり、止めようとすると怒り出す

Jさん（72歳）は仕事で車を使っていたこともあり、運転に自信を持っています。しかし、1年ほど前から物忘れが激しくなったため家族に連れられ受診したところ、初期の認知症と診断されました。家族は運転をやめるように言いますが、「もう長い間乗っているんだから大丈夫」と聞く耳を持たず、「事故を起こしたらどうするの」と言うと、「これまで事故なんて起こしたことはないだろう！」「お前にそんなことを言われる筋合いはない！」と怒り出します。どうしたら運転をやめてくれるのか、家族はホトホト困っています。

家族も監督責任を問われかねない認知症の人の交通事故

〝認知症の高齢者が高速道路を逆走し、あわや大事故に！〟というような報道をよく目にするようになりました。他人事ではないと不安にかられる認知症の家族も少なくないでしょう。

「危ないから、運転はもうやめて」と言っても、認知症の人はＪさん同様、「大丈夫」とやめようとしないというケースを多く見受けます。確かに、高齢者とはいえ、長年運転をしているという自信もあります。また、都会はともかく地方では、車が足代わりですから、運転ができなくなると買い物にも困るという現実があります。

しかし、万が一、認知症の人が事故を起こした場合、家族も責任を問われかねません。実際に、認知症の人が事故を起こし、家族が監督責任を問われ、賠償を求められる裁判も起きていると聞きますから、大事に至る前に何とか運転をやめてもらう必要があります。

増加の一途をたどる高齢者の事故を受け、２０１５年６月には、75歳以上の認知症の疑いがある運転免許所有者には、医師の診断が義務づけられ、発症している場合は免許停止か取り消しにすることを盛り込んだ改正道路交通法が成立しました（82頁「改正道路交通法」参照）。

医師に相談してみる

認知症の母親と同居しているある息子さんは、高速逆走などのニュースが流れると、「怖いね、お母さんも運転やめなきゃね」と、必ず話題にしているそうです。すると、「そうだね、危ないね」と、そのときはうなずくのだそうですが、すぐに自分がそんなことを言ったことは忘れてしまい、またキーを持って出かけてしまうのです。認知症になる前から、数百メートル先のコンビニへも車で出かけ、歩くのは駐車場までという生活をしていた母親からすると、どこかへ出かけるといったら車以外の移動手段は思いつかないのでしょう。

そこで、医師に相談したところ、「では、僕から言いましょう」と承諾してくれました。次の受診日に医師は、「絶対、運転は危ないからダメですよ。車のキーは僕が預かりましょう」と、きつく言ってカギを預かってくれました。そのときは、「わかりました」とうなずいていた母親ですが、病院を出るなり、「もう、あの先生はイヤ！　この病院には来ない！」と言い出したそうです。それでも、しばらくすると、「イヤ！」と言っていたことも忘れたのか、いつもの病院に通院しています。運転は、これをきっかけにやめました。

家族が言うより医師に言ってもらう

確かに、たいていは家族が言ってもききません。身近であればあるほど、言ってもきかないという傾向があります。よきにつけ悪しきにつけ、〝わがまま〟が言える関係だからでしょう。お気に入りの孫に、「おじいちゃんのことが心配だからやめようね」と言われ、やめる人もいるようですが、少数派のようです。

周囲は、危険だからとともかく運転をやめさせようとしますが、自分ではできると思っていることを、頭ごなしに禁止されたり制限されたりすれば、認知症の人でなくても受け入れがたいものです。なぜ危険なのかを説明し、納得のうえでやめてもらうのが一番いいのですが、一度は納得してもすぐに忘れてしまいますから、何度でも説明が必要です。

家族から指図を受けると強く拒否することがあるので、やはり医師に言ってもらうのがおすすめです。家族の言葉には耳を貸さなくても、医師の言うことは、「はい」と素直にきく人が多いようです。

運転禁止の理由を説明する前に、病気の告知が必須と考える医師もいます。告知のタイミングや伝え方などについては、家族からも要望を出し、医師とよく話し合って決めましょう。

行きたいところへ出かけられるよう別の移動手段を提案

誰にでも好きなところへ出かける移動の自由はあります。車の運転を止められたからといって､どこにも行けなくなってしまうのではよけいに腹立たしさもつのるでしょう。「運転代わってあげようか」と助手席に乗せて目的地に連れて行く、あるいは「たまにはバスで行こうか」と公共交通機関にいっしょに乗る、タクシーを使うなどして、自分で運転しなくても行きたいところへは行けるという安心感が持てれば、自分で車を運転して出かけることへのこだわりも薄れるかもしれません。
できれば、いきなり禁止するのではなく、ごく初期に診断がついたのであれば、だんだんに車の運転から遠ざけるようにしていったほうが反発を招かずにすみます。

対応と工夫

- 家族が言うより医師に言ってもらう。
- 頭ごなしに禁止したりしない。
- 別の移動手段を提案する。

・コラム・

改正道路交通法

高齢社会の進行に伴い、これまで道路交通法には高齢者対象の施策がいくつか導入されてきました。2009年から75歳以上のドライバーに実施されている、免許更新時の「認知機能検査」（認知症の簡易スクリーニング検査）もそのひとつです。検査で認知症リスクありとされ、一定の違反行為がある場合には専門医を受診することになっています。しかし現行制度下でも、高齢者が高速道路を逆走する事故等が相次いで起こったため、3年ごとの検査では現状を把握できないとされ、チェック体制を強化する改正道路交通法が2015年6月に成立しました。2017年3月から施行される見通しです。

新しい道路交通法ではまず、従来から行われている免許更新時の検査に加え、認知機能が低下したときに起こりやすい違反行為18項目のうちいずれかを犯した75歳以上の人も臨時に検査を受けることになります。リスクありと判定された場合は専門医を受診し、認知症と診断されたら、免許停止または免許取り消しになります。起こりやすい違反行為とは、たとえば、信号無視や一方通行道路の逆走、右折・左折禁止や横断禁止の無視、進路変更禁止の無視などです。また、現行法では免許更新時の検査でリスクありとされても、専門医の受診が義務づけられているのは違反行為があった場合のみですが、改正法では違反行為がなくても専門医の受診義務が発生、認知症と診断されると免許停止または取り消しになります。

今回の改正によって免許が取り消される高齢者が増えると予想され、車がおもな移動手段となっている地方では、高齢者が外出の機会を失う恐れがあります。そのため車が運転できない高齢者に対しても、なんらかの移動手段を確保する対策を求める付帯決議もつけられました。

11

介護サービスの利用を嫌がる

Case

デイサービスに行きたがらない

娘夫婦と暮らすKさんは、アルツハイマー型認知症と診断されてから2年あまり。デイサービスを週4回利用していますが、毎回のように、「今日は熱があって風邪っぽい」「足が痛い」などと言って、行くのを嫌がります。施設のお迎えの人が来ても、玄関先でグズグズ言って押し問答。すったもんだのやり取りをしているうちに、仕事を持つ娘さんは家を出るのが遅くなり、Kさんのせいで遅刻してしまう！とイライラがつのります。ケアマネジャーに相談したら、「まあ、気長に考えて」と言われたのですが……。

なぜ行きたくないのかを考えてみる

Kさんのように、デイサービスの日の朝になって玄関先で行く行かないの押し問答になる人は意外と多く、なかには自分でデイサービスに電話をして予約をキャンセルしてしまう人もいます。施設のほうでは、本人からキャンセルの電話があっても、とりあえずは受け流して迎えにきてくれますが、やはりそこで「行かない」と言ってぐずることが繰り返されます。

行きたがらない理由としては、知らないところへ行くのが不安だったり、家から出るのがおっくうだったり、デイサービスのレクリエーションで行うゲームなどを幼稚だと感じていたり、といったことが多いようです。また、ひとり暮らしであったりすると、家を空けると泥棒に入られてしまうと心配していることがあります。家族と同居している場合でも、迎えにきたスタッフと家族がグルになって、自分をどこかへ連れ出し、不在の間に部屋を荒らすのではないかといった被害妄想（第2章13参照）を持っていたりすることがあります。

介護サービスを利用するためには、何に不安を感じ、怖がっているのか、あるいはどんなことが嫌なのかを探りつつ、そのようなネガティブな感情をひとつずつ解きほぐしていくことが必要です。

ショートステイに行ったりヘルパーが来たりするのを嫌がる人も

ショートステイに行くのを嫌がる人も珍しくありません。行く前にはそれほど嫌そうな様子はなくても、帰ってきてからが大変だという相談もあります。知らないところへひとりで行かされる不安が根本にあるのでしょう。知らない人ばかりのところにいて、家族がいつ迎えにきてくれるのか何度教えてもらってもすぐ忘れてしまうので、ずっとこのまま家に帰れないんだろうかなどと思ったりすることさえあります。また、どうして家族の都合で自分が見知らぬ他人の世話にならなければならないのか、と怒りを覚えることもあるかもしれません。

ショートステイは介護する家族のためのサービスであるため、それを嫌がられると、家族は負い目を感じてしまいがちです。けれども、遠方で法事やお祝い事などがあれば泊まりで出かけなければなりませんし、時には旅行に出るなどして休息をとらなければふだんの介護も乗り切れません。認知症の家族を泊まりの旅行に同行するのは現実的には無理なのですから、よい介護を続けるために必要と割り切ってショートステイに行ってもらいましょう（76頁「カウンセラーのアドバイス③」参照）。

不安を少しでもやわらげるために、いつも通っているデイサービス施設のショートステイを利用するのがいいでしょう。また、見た目のきれいなショートステイ施設を選んで「おばあちゃんには高齢者用のホテルを予約しておきましたよ」と言って送り出してもいいかもしれません。ないがしろにしているわけではないことを示すことで、親としてのプライドも保たれます。

ヘルパーの利用を拒む場合も同様に、まず嫌がる理由を考え、それに応じて対処法を考えます。家が散らかっているから他人を入れたくない、他人の助けはいらない、と言う人には、ヘルパーは片づけや身のまわりの世話が仕事だということを説明しましょう。

デイサービスでの役割があると張り切って出かける

知らない人たちに囲まれて過ごすことへの不安とともに、もうひとつ、施設を利用するときのネックになっているのが「行ってもつまらない」「やりたいことをやらせてもらえない」といった不満です。同じ認知症のみんなといっしょに、ただ時間をやり過ごさせられていると感じてしまうと、子ども扱いされているような、見下されているような印象を持ってしまい、プライドが傷つけられて「もう二度と行かない！」となってしまいます。

認知症になっても、自分が送ってきた社会生活や家庭での暮らしの記憶は断片的に保たれています。ことに、会社や家でさまざまな人に頼りにされ、張りを持って生活していた頃の記憶はよく残っています。その頃、得意だったことや好きだったことを、デイサービスのスタッフに知ってもらい、本人の経験を生かせるような手伝いをさせてもらうよう、相談してみるのもよい方法です。現役時代、フラワーデザイナーをしていたというある女性は、折り紙をやらされ、自分はみんなほど認知症も悪くない、もっとしっかりしているのに子どもだましな！と怒っていましたが、デイサービス内のお花の水の入れ替えをしたり、植え込みの手入れを手伝ったりさせてもらっているうちに、デイサービスへ通うことを楽しみにするようになったそうです。飲食店を切り盛りしていた人にはお茶の時間の手伝いをしてもらったり、看護師だった人には利用者の血圧や脈を測るのを手伝ってもらったりと、その人にできそうなことを探してもらいましょう。

無理強いはせず、進んで通いたくなるような仕掛けをつくる

たとえばカラオケが嫌いだという人に、さあみんなで歌いましょう！と声かけしても、気乗りしないのは当たり前です。本人が楽しくないと思っているところに無理やり連れて行くことはできません。そこで、行ってみようかな、行ってみたいなと思わせるような仕掛けを用意します。

長年続けてきた趣味があればそれをレクリエーションのプログラムに取り入れてもらったり、前述のように施設のことを手伝う機会をつくってもらうなどして、本人の好みに合った活動に誘ってもらいましょう。そうすれば、出かけるときに「みんなの血圧を測ってください、って頼りにされてたわよ」と促すことができます。そして、ちょっとした手伝いをしたことで、スタッフや他の利用者から感謝されると、張り合いを持って通うことが

できるようになります。

帰宅してから「どうだった？」という質問はしない

「どうだった？」と尋ねると、嫌だったことばかりを際限なく言い立てられることがあります。「不自由だったでしょ。さあ、帰ろうね」「ごめんね、今日は寂しかったね」と、家族のほうから下手に出てデイサービス中やショートステイ中のことを本人にあれこれ尋ねなければ、お互いに嫌な思いをせずにスルーできます。根掘り葉掘り尋ねない代わりに、喜んで家に迎え入れる気持ちを伝えてあげてください。帰ってきたという安心感が生まれて落ち着くでしょう。

対応と工夫

- 行きたくない理由を探る。
- いつも通っているデイサービス施設のショートステイを使う。
- デイサービスでは、本人の経験を生かせる手伝いをさせてもらう。
- 帰宅してから「どうだった？」という質問はしないこと。

コラム　男性介護者が抱える困難

2013年の国民生活基礎調査によれば、家族介護者の31.3%が男性です。年代でみると、もっとも多いのが60歳代の27.7%、59歳以下が3割と、働き盛りの人たちが過半数を大きく上回っていることがわかります。また、男性介護者の28.5%がほぼ終日介護にあたっていると答えています。なお、続柄は要介護者の年齢によって傾向が異なり、60歳代・70歳代では配偶者、80歳代だと子の占める割合が大きくなります。また、同調査によれば、介護者のストレスの原因で、男性が女性を上回った項目は、「収入・家計・借金等」「自分の仕事」「家事」でした。

認知症の家族会でも、介護のために仕事を変えざるを得なくなった男性の声が聞かれました。そのうちのひとり、ホテルのレストランの仕事を辞め、介護施設の厨房でパートをしているAさんは、「いつも早く帰りたがっている」「(親を)施設に入れればいいのに」などと嫌味を浴びせられました。入社時の面接では、介護を抱えていると話してあったのですが、職場の同僚には理解を得られず、いわゆる「男性としての」働き方を求められて、うつ状態になってしまいました。

それまで家事をしたことのない男性には、洗濯、掃除、食事のしたくが大きなハードルです。年配の男性のなかには、インスタントラーメンのつくり方もわからなかったという人もいます。また、地域の家族会などに参加しても、女性介護者ばかりの席では、なかなか悩みごとを打ち明けたり質問したりすることができません。ある男性介護者はその理由を「見栄かなぁ」と語りました。

夫が妻を、息子が母親を介護している場合には、排せつや入浴の介助でお互いに気後れを感じることが少なくありません。86歳の母親をみているBさんは、「排せつ介助のときには『僕は看護師です』と名乗っています」と言います。

第2章

「やめて!」と言わないために

12 財布を盗ったと非難する

Case

探して見つけてあげても「隠してたんだろう」と疑う

息子さん一家と同居しているLさんは、家事もテキパキこなすしっかり者でした。しかし、認知症になってからは、お嫁さんに対し、「財布がない。さっき、あんたが盗《と》ったのを見た」と非難するようになりました。最初のうちはいっしょに探して、「ほら、ありましたよ」と渡していたのですが、そんなことを何度も繰り返すうちに、「あんたがそこに隠していたんだろう」と罵《ののし》るように言われるまでになりました。お嫁さんは「もう限界！お義母さんとの同居は無理です！」と訴えています。日中、Lさんの面倒をもっぱらみてくれている妻からの訴えに、息子さんは頭を抱えています。

大切な物を守りたい気持ちや不安が根底にある

財布や携帯電話などをどこに置いたか忘れて盗まれたと思い込み、人を激しく非難することがあります。このような妄想に「物盗られ妄想」という呼び名がついているぐらい認知症の人によくみられる言動で、ＢＰＳＤ（行動・心理症状、15頁参照）のひとつとされています。ＢＰＳＤは中核症状と異なり、出る人と出ない人があります。つまり、記憶の障害だけが原因で起こるわけではなく、自分の非を認めないという認知症の特徴もかかわっていると考えられます。

また、とくにその人がこれまで大事にしてきた物を盗られたと言って騒ぐことが多いともいわれています。たとえば経済的に苦労してきた人ならお金や銀行の通帳、貴金属のコレクションが自慢だった人は宝石や時計というように、です。大切な物を守りたい気持ちから、見つけづらいところにしまいこんでいたり、なくなったら困るといった不安な気持ちが、盗まれたという思い込みにつながったりするとも考えられます。さらには、盗られたと思っていることをまわりに否定され、理解されないことへの不満や孤立感が深まると、よけいに強い猜疑心《さいぎしん》が生まれ、攻撃的なもの言いとなってあらわれるのでしょう。

否定するとよけいに妄想を強めてしまう

あまり何度も疑われると、家族はできるだけのことをしてきたつもりなのに報われない気がして情けなくなります。さらに、近所の人やほかの親戚などにも、〝被害〟を訴えられたりすることもあり、病気のせいだとわかってはいても受け止めきれずにつらくなります。思わずこちらも「私じゃありません！」と否定したくなりますが、認知症の人が「盗まれた」と主張するときは本当にそう信じているので、否定すればするほどよけいに妄想を膨らませていきます。ただし、この症状は個人差はあるものの多くの場合、認知症の初期から中期にかけてあらわれ、ずっと続くわけではありません。

「盗られた」と言われたら、「見当たらないんですか。心配ですね」「それは困りましたね」と否定も無視もしない態度を示すと、盗られたという思いへのこだわりがおさまることがあります。

いっしょに探すという、Lさんのお嫁さんの対応は間違っていません。「いっしょに探しましょう」と申し出て、お互いの姿が確認できるところで探してみましょう。先に探し物を見つけた場合は、Lさんのように「隠してたんだろう」とかえって妄想を強めてしまわないように、本人が見つけやすいところにそれとなく動かしたり、「私はあっちを探しますから、お義母さんはここを探してもらえますか」とその場所へ誘導するなどして、本人に見つけてもらうのがいいかもしれません。

「ちょっとひと休みしてから探しましょうか。お茶、いれますね」と、いったん話題を変えたり別の場所へ誘ったりすると、気持ちが落ち着くこともあります。その場合も、無視されたと思われないように、唐突に関係ない話題を持ち出すのではなく、「盗られた」

と言っていることを引き取って受ける工夫が必要です。

言いふらされたら事情をきちんと説明する

預金通帳を同居のお嫁さんが盗んだと、親戚や近所の人に言いふらす、という相談を受けることがあります。物盗られ妄想は認知症の比較的初期にあらわれるので、家族以外の人は病気であることを知らない場合が多く、また、本人の口調もまだしっかりしています。そのため、聞かされた親戚や近所の人がまともに受け取って、お嫁さんを問いただしたり責めたり、あるいは黙って遠ざけられることもあり得ます。できればそんなことになる前に、義母が病気であることや、「物盗られ妄想」は認知症に特徴的な症状のひとつであることを、きちんと話して理解してもらいましょう。

対応と工夫

- 否定しない、無視しない。
- いっしょに探して本人に見つけてもらう。
- 話題を変えたり、別の場所に誘ったりしてみる。
- 家族以外の人にも病気を理解してもらう。

13 「嫁に虐待されている」と近所の人や親戚に言いふらす

Case

「食べさせてくれない」と事実無根の被害を訴える

Mさんは夫に先立たれてからひとり暮らしでしたが、認知症であることがわかりました。心配した息子さんが、2年前に家族で引っ越してきて同居しています。Mさんの介護はお嫁さんがしていますが、つい最近、近所の人に、「ちゃんとご飯を食べさせてくれない」などと訴えたらしく、心配した近所の人が訪ねてきました。「じつは、認知症で……」と話したら理解してくれましたが、その後も親戚の人にMさんが、「嫁が私のお金を勝手に使う」と言ったらしく、驚いた親戚から息子さんに真偽のほどを確認する連絡がありました。Mさんが認知症であることは、ごく近しい身内や友人などにしか伝えておらず、被害妄想の入った虚言癖への対応に家族は神経がすり減ってヘトヘトです。

嫉妬妄想というかたちであらわれることも

自分が何らかの不当な目にあっているという思い込みは、たとえば嫉妬《しっと》妄想というかたちなどでもあらわれます。

要介護1のNさん（85歳）は、夫（86歳）と二人暮らしで、訪問介護サービスを利用しながらおもに夫が介護をしていました。しかし、女性のヘルパーさんが家に来ると、「夫と浮気をしている」と介護サービス事業所や近所の人などに言いふらすようになり、大騒ぎになりました。入浴サービスに男性のヘルパーが来ても、今度は「同性愛だ」と騒いで夫を責めます。別居してもう何年もたつ娘が窮状を聞いて実家に戻り、ＡＴＭが使えない父の代わりに預金をおろしたところ、「夫が女と遊ぶために使う金を勝手におろした」と責め、娘を出入り禁止にしました。家にいる間じゅう、夫は「浮気者」と責められ続けています。いたたまれずにビジネスホテルへ泊まりにいっても、慣れないホテル生活に疲れてしまって2泊が限度。自宅に戻るとまた責められてホテルへ避難するということを繰り返しています。

嫉妬妄想も被害妄想のひとつで、前項の物盗られ妄想と同じく、認知症の初期から中期にかけてみられることがあります。嫉妬妄想への対応は難しいのですが、介護者に対する非難や暴言が始まったら、その場を離れるというのが基本です。少し間をおいて、興奮がおさまったら話題を変えて声をかけてみましょう。

本人がまだしっかりして見えるだけに、よけいにトラブルになりやすい

認知症の診断がついたばかりの初期のうちは、まだ本人の口調もしっかりしていて家族ばかりでなく近所の人などともふつうに話ができます。また、すぐに隣近所の人たちに知らせて見守りを頼まなければならないほど、家の外で困るようなことはあまりなく、ほとんどの場合、家族以外の人が認知症であることを知っていることはありません。

冒頭の事例のMさんのように、親の住んでいたところへ子世帯が引っ越してきて同居した場合、親のほうは近所の人とのつきあいが長く気安く話ができますが、息子の妻はいわば新参者。近所の人は親のまことしやかな話を疑いもせず聞き、その結果、お嫁さんへの風当たりが強くなり、お嫁さん側から説明する機会はなかなか持てなかったりします。それでも話を聞いてくれそうな人を見つけたら、認知症であることを話しておきたいものです。

より身近で親しい人が妄想の対象になりやすい

認知症の症状は、より身近な人、親しい人、頼りにしている人に対して強く出るという特徴があります。それが、Mさんの場合は同居し毎日の世話をしているお嫁さん、Nさんは長年いっしょに暮らしてきた夫でした。愛着があるからこそ怒りや妬《ねた》みの強い感情が起こるのです。しかし、認知症のために感情をコントロールすることができなくなっている

ので、相手を激しい言葉で罵ったり、延々と泣きわめいたり、どうなだめられても妄想にこだわり人を責め続けたりします。

カミングアウトのタイミングや方法を考える

最近ではテレビや新聞などを通じて認知症への関心がずいぶん高まり、認知症の家族がいる人や、医療職・介護職といった専門の人以外にも、おおまかな知識を持つ人が増えました。とはいえ、カミングアウトをすればあらぬ偏見や先入観を持たれるかもしれないと思うと、勇気がいります。さらには、このタイミングでみんなに知ってもらうことがはたしていいのだろうかと躊躇《ちゅうちょ》する人も多いだろうと思います。カミングアウトのタイミングやその方法については、家族全体のこととして家族のメンバーみんなで話し合って決めていければ理想的です。

虐待などと人聞きの悪いことを言いふらされたほうはたまりませんが、逆に本人はまだまだ友達や親戚とのつきあいを楽しめているともいえます。それなのに、認知症だと知られれば、いきなり遠ざけられてしまうことにもなりかねません。これから先も長く、温かく見守ってもらえるように、うまく伝えたいものです。そのためには、ただ病名だけを知らせるのでなく、本人の今の状態を具体的に説明します。できなくなってきたことや、どんな症状があらわれているのかといった情報に加えて、今もできていること、楽しんでいることなども伝えて理解してもらえるといいのではないでしょうか。

近所の人に認知症のことを知らせる際には、気になることがあったらいつでも連絡をくださいと申し添えて、こちらの携帯電話の番号やメールアドレスも伝えるようにします。そうすると、何かあればまず家族のところへ連絡があるでしょう。いきなり虐待の疑いで通報されるというトラブルは起こりにくくなります。

近所の人たちとのつきあいが浅くてどうしたらいいかわからないという場合は、少なくとも地元の警察や地域包括支援センター（56頁の注、１９５頁参照）には状況を知らせておきます。また、近所のオレンジカフェや家族会といった当事者の集まりに本人といっしょに顔を出すなどするうちに、だんだんと伝わっていくこともあります。そうした集まりへの参加は、あとから同居になった子世帯が地域になじんでいくきっかけにもなります。

対応と工夫

- 嫉妬妄想による非難や暴言に対しては、その場を離れて興奮がおさまるのを待つ。
- 話せる人には病気であることを説明して理解してもらう。
- こちらの連絡先を伝え、何かあったらすぐに直接連絡してもらうようにする。

●地域の集まりに本人といっしょに出かけてみる。

・コラム・

オレンジカフェ

「認知症カフェ」ともいい、認知症の人やその家族が気軽に交流できる場として、各地の公民館や介護施設などで開かれているものです。2013年からスタートした「オレンジプラン（認知症施策推進5か年計画）」に掲げられた「地域での日常生活・家族の支援の強化」に沿って、全国に普及しつつある取り組みで、利用者同士が情報交換をしたり、悩みごとを打ち明けたり、アドバイスし合ったりできる場です。ケアマネジャーや保健師など専門家が支援しているところもありますが、基本は当事者が主体的に参加し運営しています。利用料は無料または数百円です。そこで認知症の人や家族がどのように過ごしているか、どんなふうに運営されているのかなどについては、「認知症の人と家族の会」がつくった報告書がインターネットで公開されていますので、参考にしてください（http://www.alzheimer.or.jp/webfile/cafe-web_0001.pdf）。

なお、最近は、地域住民が運営する「コミュニティカフェ」が増えています。コミュニティカフェとは、地域の人々の交流の場、居場所の総称です。認知症の人や家族が集うコミュニティカフェもあります。

カウンセラーのアドバイス④

介護者自身の心身をよい状態に保つことが最優先

介護のために夜眠れない日が続けば介護者自身の疲労がたまっていきます。イライラしたり、気持ちに余裕がなくなっていたり、体調が思わしくなくついあたってしまうこともあるでしょう。睡眠が足りていて、体調もよく、精神的にも落ち着いているときには、余裕を持って優しい気持ちで対応することができます。

介護者が自分の心身の状態を把握し、できる限りよい状態であるように心がけることは大切です。そのために、短い時間でも介護から離れる時間をつくることが必要です。

◆自分がリラックスできること、好きなことをする時間をつくる

ストレス解消の方法は、人それぞれ違います。人と会っておしゃべりすることが楽しい人、他人と会うよりひとりでゆっくりすることが楽しい人、外出が楽しい人、静かに家の中にいることが落ち着く人、運動が好きな人、読書が好きな人……。自分に合ったストレス解消法は何かを知っておくとよいでしょう。

他人からみると介護から離れて自分だけの時間を持つとよいと思われる状況でも、長

時間、介護を他人にまかせて家や家族から離れることがかえってストレスになるという人がなかにはいるようです。小さな変化でもよいのです。たとえば、短い時間でも家のまわりを散歩してみる、家族が寝ている時間に好きな音楽を聞くなど。何もできないと思い込まず、どんなことであればできるか、何がしたいかを考えてみましょう。

14 興奮しやすく、すぐに手が出る

Case

以前は穏やかだった人が相手かまわず手を上げるように

２年前に認知症と診断され、物忘れなどの症状が出てきていたOさん。近頃、言葉が出る前に物を投げたり手が出て、相手かまわず叩いたりするようになりました。うまく言葉が出ないことにイライラするのか、「どうしてほしいの？　何なの？」と聞く妻に手を上げることも。先日は、デイケア先で利用者仲間を怒鳴りつけ、殴りかかったところを職員に止められたと聞きました。以前は穏やかだったOさんの豹変《ひょうへん》ぶりに、妻もどう対応すればいいのかと途方にくれています。

本人には、暴力にでも訴えざるを得ないような理由がある

認知症のほかに、持病の腎不全《じんふぜん》がある女性の場合、体調が安定しなくて散歩に出られない日が続くとイライラがつのって、家族にティッシュの箱を投げるなどの行動がみられたといいます。

　また、ある若年性認知症(＊)の男性は空気清浄機を壁に投げつけようとしたことがあったと言い、なぜそんなことをしてしまうのかについて、「多くの人にとっては何でもないようなことに対して、どうしてなのかはわからないが、ダムが決壊するように怒りにのみ込まれ、スイッチが入る」と語っています（『ぽ～れぽ～れ』２０１２年10月25日号より）。

　こうした事例から読み取れるのは、どうしてほしいのかを言葉にして伝えられないもどかしさや、感情のコントロールがうまくできない様子です。

　暴力は認知症のＢＰＳＤ（行動・心理症状、15頁参照）として比較的よくみられるものですが、その都度、本人には暴力に訴えたくなるような理由があるのだろうと考えられます。


（＊）65歳未満の認知症を若年性認知症という。

快不快を察し、理由を探って環境をよりよく保つ

　実際、認知症の人たちに介護職に望んでいることや伝えたいことを聞くと、周囲から理解されないことへの不安や葛藤、焦燥感を常に抱えていて、被害的な感情が生まれがちであることを切々と語ります。

　たとえば、「言葉で自分の状態を表現できない様子でも、その人の顔の表情や態度から、快不快を読み取って生活支援をしてほしい」「周辺症状（ＢＰＳＤのこと）は認知症本人

からの訴えであるので、本人の声に耳を傾けてほしい。言葉でうまく伝えられない人もいるので、顔つきで判断してもらいたい」と訴えた人々がいます。認知症の症状が進んでも、本人がまったく何もわからなくなっているかといえば、そんなことはありません。うまく表現できないだけで、周囲の状況からいろいろなことを感じ取り、そこからさまざまな感情が生まれています。そこを読み取ってほしいと望んでいるのです。

ほかにも認知症の人たちからは、「どんな状況で起きたのかを記録しておき、できるだけ起きないような環境を保つように努力をしてもらいたい」「問題行動ととらえるのではなく、認知症本人が今受けている（介護）サービスへの不満の意思表示と受け止めてほしい」といった声が聞かれました。

つまり、暴力に限らずいわゆるBPSDがあらわれたときは、理由を探り、当人の希望に沿えるように対応を変える工夫が必要だということです。さらに、記録をとって環境をよりよく保つなど、その理由と対応法を家族も含めた介護のチーム全体で共有するしくみも必要です。

叱っても、叱られた不快な感情だけが残る

暴力の原因が周囲の環境や対応のしかたにあり、さらにその奥には病気による感情のコ

ントロールがきかないことがあるのですから、ただ単純に、「暴力はダメ」と諭したり、「やめなさい!」と叱ったりするのは効果がありません。それどころか、なぜ叱られたのかは忘れてしまい、叱られたという嫌な感情だけが残り、叱られたシーンを頑《かたく》なに避けようとするようになります。力づくで抑え込もうとするのも同じで、さらに激しい抵抗にあうことでしょう。たとえば叱られたのが入浴時だとしたら、以来、入浴のたびにがんとして拒否されて、すったもんだのひと騒動が繰り返されるといったことにもなりがちです。

暴力をふるわれたら、まずはその場を離れてわが身を守り、そのうえで、穏やかに冷静に対応するよう努めるのが基本です。

いったん、その場を離れる

とくに、過去に、本人と介護にあたる家族との間になんらかの確執があったりすると、病気だからと思っても簡単には心をしずめられないこともあるでしょう。そんなときには、隣の部屋など、本人の視界に入らないところへいったん移動してみましょう。そして少し間をおいて、本人の怒りがしずまった頃合いに「お茶でも飲みますか」と声をかければ、もう本人は暴力をふるったことを忘れていたりします。

隣の部屋に移って本人ひとりを部屋に残すと、物を投げたりしたときにケガをしないかと心配かもしれませんが、静かにして物音に注意していればだいたいの気配はわかると思います。また、手に持って投げつけられるようなワレモノなどは、身近なところに置かないようにしておきましょう。

同時に、どういうタイミングで暴力をふるわれたかを振り返り、何が怒りのきっかけになったのか、避けるにはこれからどうしたらいいかを考えることも大事です。なかにはヘルパーさんに暴力をふるっては、訪問を断られ、ついに頼める事業所がなくなってしまったという人もいます。繰り返し起こる暴力には必ずきっかけがあります。たとえば、部屋に入るときに挨拶はしてくれたか、本人に何の説明もせずに部屋の掃除を始めたり着替えさせようとしなかったかなど、認知症だからわからないだろうというような態度はとくに要注意です。きっかけを何とか探り、対処を心がけないことには、ヘルパーさんも安心して働けませんし定着しません。

対応と工夫

- 暴力を誘発するきっかけを突き止める。
- 叱らない、力づくで抑え込まない。
- いったんその場を離れる。

15 介護者に性的な関心を向ける

Case

介護している息子の妻に卑猥な言葉を投げかける

Pさんは息子一家と暮らしていますが、5年前にアルツハイマー型認知症を発症しました。現在、要介護1で、デイサービスも利用しています。先日、施設にお迎えに行ったとき、「Pさんは元気すぎるね」と言われ、聞けば、エッチな言葉を利用者や職員に言っているとのこと。確かに、自宅でも入浴の際などに、「俺の○○を見たいか」などの卑猥《ひわい》な言葉をかけてくることがありましたが、家族は適当に聞き流していました。けれども、外でも変なことを言うようでは施設の職員の人たちに迷惑をかけてしまいそうで、どうすればいいのか悩んでいます。

衝動を抑えられないために起こるBPSDのひとつ

認知症になると衝動を抑えられなくなることがあり、時と場所をわきまえずに、たとえば異性の胸や腰、性器などを触ろうとしたり、思い浮かんだ卑猥な言葉を口走ったり、自分の性器を見せるといった性的な言動となってあらわれる人がいます。

80歳の義父を介護しているあるお嫁さんは、お風呂に入るのを手伝っているときに「俺のを見たな」と言われるようになりました。要介護2になってひとりではお風呂に入れなくなってから始まり、卑猥な言葉を何度も投げかけられています。夫に言ったところ、「言わせておけ」と相談にも乗ってもらえません。ほかに相談できるような人も思い当たらないうえ、どう対処したらいいのかわからず、介護をするのも嫌になってきてしまいました。

また別のケースでは、夫が朝・昼・晩と時をかまわず布団の中に引っ張り込もうとすることに困り果てた妻からの相談もありました。

施設でも認知症の高齢男性が若い女性スタッフに性的な言動をとることはしばしばあり、セクハラとして問題になりますが、同じような症状は男性だけでなく女性にもみられることがあります。性的欲求があってこその言動ですが、そのすべてが性行為を目的としているわけではないようです。また、だいたいは半年ぐらいでおさまり、そんなに長期間続くことはないといわれています。

同性に介助してもらうことで気がおさまることも

認知症になったことで孤立感を持ち、「自分のことをわかってほしい」「人から認められたい」「他人とふれ合いたい」といった精神的な欲求が性的な暴言や性的な問題行動にあらわれている場合もあります。本人の自尊心を傷つけないよう、リラックスできる環境をつくって精神的に安定させることが大事です。

たとえば、家でお風呂に入るのを手伝う際に性的言動があらわれるようになり、面倒をみていたお嫁さんが嫌悪感を持つようになってしまったというある家庭では、訪問入浴サービスの利用を開始して男性ヘルパーに来てもらうようにしました。すると、男性ヘルパーと男同士の会話がはずみ、性的な衝動を口にしても冗談のようなやりとりができるようになりました。それで気がすむのか、身のまわりの女性たちに性的な言葉を投げかけることもなくなったといいます。性的指向は、高齢になり認知症になっても変わりません。したがって、性的対象が同性である場合は、異性の介助者に代わってもらうようにします。

介護者がひとりで悩んで抱え込まないように

介護されている人が介護者に性的なちょっかいを出すのは、じつは介護の現場ではよくみられるトラブルです。そのため介護事業所の多くがスタッフに利用者の性的な言動への対処法などを教えています。家庭内でたとえばお嫁さんなどが被害にあっても、家族以外の人には相談しにくい性質の問題だと思いますが、夫が「ほっとけ」と言った例のように、ほかの家族の理解が得られず解決法もわからないような場合は、恥ずかしがらずにケアマネジャーなどに相談してみるのがいいと思います。主治医に、困っている症状として話すのもひとつの方法です。

ひとりで悩みを抱えた末に、嫌悪感ばかりがつのって介護が続けられなくなることもあります。早めに相談し、どう対応すればいいか聞きましょう。

やんわりとたしなめて別のことに気持ちをそらす

認知症で相手にされないという不安から性的言動をとっているとも考えられ、「やめてください！」と強く拒否すれば、ますます焦燥感がつのり暴力的になることもあります。また、自分が言ったことやしたことは忘れてしまっても、はねつけられ自尊心を砕かれたという不快感だけは残ります。そしてその不快感が、介護を拒否するという態度につながることもあります。

逆に、何も聞いていないかのように無視するのも不安や焦燥を駆り立てるので、あまりいい策とはいえません。うまくたしなめる方法を覚えておきます。たとえば胸や腰をさわろうとしてきたら、その手をやんわり握って戻したり、身体をジロジロ見ながら卑猥なことを言われたりしたら、「なに言ってるの」と軽くいなしてから、「ほら、庭の梅が咲きましたよ」「テレビ、つけておきますね」といった具合に視線を介護者の身体からそらすように誘導します。

強く拒否したり、とても驚いた反応を見せたりすると、かまってもらえているように感じてそれがうれしく、かえって行為がエスカレートしていく傾向があります。淡々とした表情で対処するのがうまくおさめるコツです。

しかし強い嫌悪感を持ってしまって、それができないというときは、ショートステイなどに行ってもらって、しばらく物理的に離れていられるようにするのがいいでしょう。ケアマネジャーにショートステイの手配を依頼する際には、性的言動が強く出ている時期だということを伝えます。受け入れ施設の職員にあらかじめ情報を伝えて、要所要所で同性介助ができるような態勢を整えてもらうためです。

対応と工夫

- 主治医やケアマネジャーなど介護の専門職に相談する。
- 入浴時など性的言動が出やすい場面では同性（同性愛者なら異性）に介助を頼む。
- 他のことに目線をそらし、別の話題を提供する。

カウンセラーのアドバイス⑤

いきすぎたストレスがかかったときの兆候を知っておく

日々の介護に追われ、心身の疲労がたまり、心のゆとりがなくなれば、自分自身の状況を客観的に見るということは簡単なことではありません。自分の抱えているストレスの大きさに気づかずに無理を重ね、あるとき突然、ダムが決壊するようにそれまでの無理がたたり、介護ができなくなるほど体調を崩してしまうこともあります。「介護うつ」という言葉もあるように、身体だけでなく心の不調を引き起こすことも少なくありません。

過度なストレスがかかったときにどんな兆候があらわれるのか、自分自身のことをよく知っておく必要があります。肩こり、頭痛、眠れなくなる、食欲がなくなる、逆に食べすぎるなどはわかりやすいストレスのサインですが、ストレスのサインは人によってそれぞれです。これまでの生活で忙しかったり精神的にきつかったりしたときには、どんな兆候があらわれましたか？　そのような兆候がみられたら努めて心身を休ませるようにしましょう。

心と体を休ませるために、自分の時間をとることに罪悪感を持つ必要はありません。

むしろよい介護のために必要なことと考えましょう。

◆自分の役割は介護者だけですか？

あなたの役割は介護者だけではないはずです。娘として母親の介護をしている人も、妻の役割、母の役割、姉の役割、友人としての役割、仕事をする社会人としての役割などさまざまな役割があるでしょう。夫として妻を介護している人も、祖父として、父として、地域の老人会の役員としてなどさまざまな役割を持っているのではないでしょうか。

円グラフを描いて、その中に自分のさまざまな役割を書いてみましょう。可視化することで、介護者以外の自分を再認識することができます。

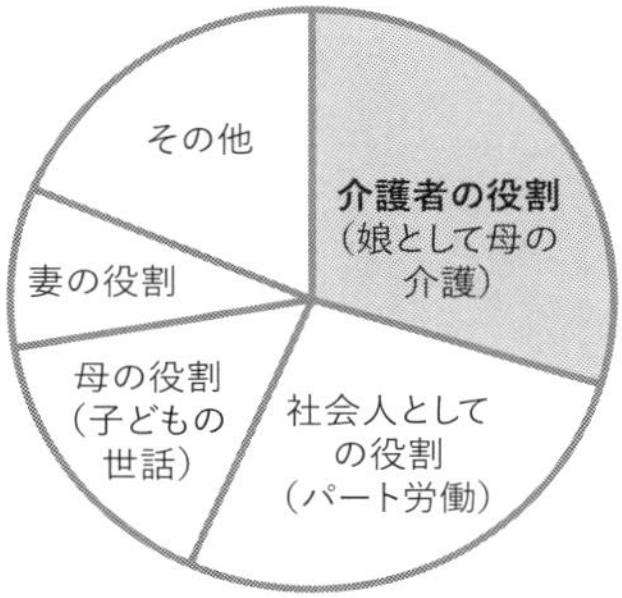

16

家に帰りたいと言う

Case

20年前に住んでいた家にしきりに帰りたがる

栃木県に住んでいたQさんは、夫を亡くした後、20年前から息子さん一家の住む埼玉県に移り、同居してきました。数年前に認知症と診断され、最近はしょっちゅう「家に帰りたい」と言います。先日は、「帰りたい！　栃木の家に帰りたい！」と訴えるQさんに家族がつき添い、数時間かけて昔住んでいた栃木の家があった場所まで行きました。しかし、家のあったあたりにはマンションが立ち並び、すっかり様子が変わってしまっていて、通りかかった隣近所の知り合いに会ってもわからないようでした。「ほら、もう家はないでしょ」と息子が言うと、うなずくQさんでしたが、戻ってしばらくすると、また、「家に帰りたい！」と、しきりに訴えます。

今の環境が落ち着かないために「帰りたい」と言うことも

実母を引き取って介護しているある娘さんは、「家に帰りたい」と言う母につき添ってこれまで何度も昔住んでいた世田谷の家まで行っています。建物はすでに人手に渡っており、外から見ることしかできません。それでも、行くともう自分の家ではないということを思い出し、帰りたい願望はいったんおさまります。しかし、またしばらくすると冒頭の事例のQさんと同じように、「帰りたい」と言います。

60代のある女性は、グループホームに入所している85歳の義母のことで相談に来ました。義母はアルツハイマー型認知症で要介護3ですが、入所して4カ月で帰宅願望を訴えているとのこと。職員から「面会に来てください」と言われ、行くと「帰る、帰る」を繰り返し、夫も「親不幸者のようで後ろめたい」と悩んでいます。そんな二人の寂しそうな表情を見ると、つらい気持ちになってしまうと言います。

「家に帰りたい」と、しきりに言ったり、「帰る」と言って荷物をまとめて出て行こうとしたりするのは、施設に入った人ばかりでなく、住み慣れた自宅にいる人にもみられます。デイサービスでも到着していったん落ち着いたかにみえて、昼過ぎには「帰りたい」と言ってそわそわし始める人もいます。

グループホームや特別養護老人ホームなどの施設への入所は大きな環境変化なので、帰宅願望があらわれるのも理解しやすいと思います。環境に慣れてくるにつれ、ほとんどの人はだんだんに帰宅願望が薄らいでいきます。帰宅願望がなかなかおさまらないようなら、本人にとって居心地がよく落ち着ける環境かどうか、家族が出向いて確認してみてはどうでしょうか。場合によっては、家で使っていたカーテンを持っていって部屋にかけてもらうなどの工夫が必要かもしれません。

自宅でもちょっとした環境の変化、たとえばカーテンを替えたり、家具のレイアウトを変えたり、布団からベッドに変わったりといったことがきっかけになる場合があります。どこに帰りたいのか尋ねると、今住んでいる家ではなく子どもの頃に住んでいた借家だったりします。

居心地が悪そうにみえたら、環境を調整しつつ、「ここで家のことを手伝ってもらえるととても助かります」「もうすぐ夕飯ができますよ、いっしょに食べましょう」というように、ここにいてほしいという気持ちを伝えましょう。

なぜ「帰りたい」のかは人それぞれ

帰りたい理由を尋ねると、自分のことを説明できる人は、「家に帰って子どものご飯をつくらなきゃ」「一度帰宅して着替えないと出勤できない」などさまざまな理由を言います。

夕方によくみられる症状なので、「夕暮れ症候群」と呼ばれることもありますが、これは帰りたい理由がだいたい夕方の用事だからかもしれません。そこで、日が暮れる前に早めに部屋のカーテンを閉めて、夕方であることがわからないようにするのもひとつの方法です。

自分が暮らしている場所だということを忘れてしまっていることもあります。たとえば、ご飯を食べたあとに「ごちそうさまでした。今日はこれでおいとまさせていただきます」などと言う場合です。そんなときには、「ではタクシーを呼びますから、ちょっと待ってくださいね」と言って、話を合わせましょう。「車が混んでいるのかもしれませんね」などと言ってテレビを見たりお茶を飲んだりしているうちに、だいたいは帰りたかったことを忘れて落ち着きます。

小芝居が効果的なこともある

帰宅願望の場合、家に帰れないことを伝えても、なぜなのか理解できず、ますます感情が不安定になることがあります。また、本人が帰るべきと思っている家がどこなのか、自分で説明できないために介護する側にはわからないことも多いのです。そこで、帰りたいと思っている場所がある、そのことをまずは受け止めて、話を合わせるのが気持ちを落ち着かせるコツです。

ときには、小芝居を演じる必要があるかもしれません。前述の「タクシーを呼びましょう」というのもそのひとつですし、タイミングによって「もうすぐお風呂が沸きますから、どうぞ入っていってください」とか、「今夜はお泊まりになると思って準備してあるんですよ」というように内容を工夫してみてください。

帰宅願望がおさまらずに、ちょっとした隙にひとりで家を出て行って迷子になってしまうこともあります（第2章17参照）。「ここにいたい」「もう少し、ここにいようかな」と思えるように、温かいもてなしの気持ちを持って声かけをしてください。

本人の気持ちになって「帰りたい」理由を考える

居心地よく環境を整えたり、帰らなくても大丈夫なんだと落ち着くような声かけをするためには、本人がどのような気持ちで「帰りたい」と言っているのかを理解する必要があります。帰宅願望に限らないことですが、認知症であっても、何かしたいというときにはその理由があります。

夫といっしょに建てた家に帰りたいと言う人は、子育てや仕事に一所懸命だった頃に戻っているのかもしれません。それは、最近の記憶が徐々に失われていっているためでもありますが、現在の状況への不安が過去の自分への執着につながっているとも考えられます。

帰りたい場所や帰りたい理由を自分でうまく説明できない人もいます。その場合は試行錯誤になってしまいますが、本人の人生を振り返ってみます。何がその人にとって大事だったのか、それを介護する側がより深く理解するきっかけにもなります。

対応と工夫

- 居心地のよい環境をつくる。
- 話を合わせつつ、話題を変える。
- ここにいてほしいことを伝える。
- 役者になったつもりで、温かいもてなしの声かけをする。
- 帰りたい理由を探る。

17 行方不明にならないかと心配

Case

気づかないうちに外へ出て行ってしまう

Rさんは夫と二人暮らしです。物忘れなどの症状が徐々に出てきて気になってはいたのですが、先月、買い物に出たきり迷子になり、近所の人に連れられて帰ってきました。その後、気づかぬうちに外に出てしまい、近所を探し回ることが何度か続き、GPS機能のついた携帯電話を持たせるようにしています。しかし、新聞やテレビで行方不明になった高齢者が何年もたってから県外で見つかったというニュースなどを見ると、心配はつのります。

行き先も帰り方もわからなくなって歩き回る

認知症の本人にとっても家族にとっても不安なのが、ひとりで外に出たときに自宅に帰る道がわからなくなってしまうことです。いつもいっしょに出かけられればそんな心配もいりませんが、介護者がトイレやお風呂に入っている間など、姿の見えないちょっとした隙にひとりで出て行ってしまうことがあります。だからといって、部屋や玄関から出られないように閉じ込めておくわけにはいきません。行きたいところへ行き、出かけたいときに出かける自由は、もちろん認知症の人にも保証されるべきです。

ただ困ったことに、家を出たのはいいものの、どこへ出かけようとしていたのか、本人でさえ忘れてしまうのです。ときには散歩のつもりで外へ出たのか、とくに目的はなかったのではないかと思われるケースもあります。行き先も帰り方もわからなくなってパニックになっても人に助けを求めることができず、周囲にそれと知られないようにただただ歩き続けたり、電車やバスに乗ってかなり遠くまで行ってしまうこともあります。

こうしたことがしばしば「認知症高齢者の徘徊《はいかい》」として問題行動のひとつにあげられ、社会問題のように報道されていますが、本人には「徘徊」の自覚はありません。無目的に歩き回っていると決めつけたりせずに対応しましょう。

目配りだけでカバーしきれない場合はセンサーを利用する

自宅にいながら帰宅願望があったり、自宅にいることを本人が認識できなくなったりすると、「帰ります」と言って家から出て行ってしまうということもあります。外へ出なくても、家の中を歩き回ったりする人もいます。何かを探そうとして部屋から出たら間取りがわからず、そのうちに何を探していたのかもわからなくなって延々と歩き回るといったことも起こります。

また、アルツハイマー型認知症で要介護2のある男性は、以前からスポーツが好きで外へ出たがり、週2回のデイサービスで外出するほか、朝夕に妻がついて散歩に出ていますが、それでもその時間が待てないときはひとりで出て行ってしまいます。認知症になると、疲労感の自覚が薄れるため、いったん歩き始めると何時間も歩き続けたりします。

まずは予防として、ひとりで出て行って迷子になるのを防ぐために、鈴など音の出るものを出入り口につけるのもいいですし、人の出入りを感知して、離れたところにいる家族のスマホなどに知らせてくれる機器（センサー）を設置する方法もあります。認知症で要介護2以上であれば、介護保険を使ってレンタルすることもできます。

出かけようとするところを見つけたときは、「お出かけですか？」と声をかけ、「いっしょに行きたいんだけどいいかしら」と申し出てついていったり、すぐにいっしょに出られないような場合は、「あとでいっしょに行きましょうか。お団子があるから、今、お茶をいれますね」といった具合に、家にしばらくいてもらえそうなことに誘いましょう。

ふだんから近所の人たちに協力をお願いしておく

同居家族の目配りと気配りでカバーしようにも限界があり、縁側や勝手口など思いもよらないところから出て行ってしまうことも多々あります。立ち寄りそうなところを探して見つからない場合は、近隣の人たちに見かけなかったか尋ねてみるということになります。あらかじめ、家の周辺の人や、とくにお店をやっている人などに、認知症なのでひとりで歩いているところを見かけたら連絡をくださいと頼んでおくとよいでしょう。

本人がいつも持って出るバッグなどがあれば、GPS付きの携帯電話などを忍ばせておくのもひとつの方法です。持ち物や衣類に名前と連絡先を縫いつけたりしておくのも、万が一の備えになります。監視されているように思って嫌がる人もいるので、本人には見えないところや下着のタグなどにつけます。

警察に連絡をしなければならない場合に備えて、本人の顔写真や、ふだんよく着ている服や靴の写真を撮っておいたり、毎日その日着ている服装などをメモしておくと安心です。

ひとりで歩いているのを見つけたら、急いで連れ戻そうとしてはいけません。偶然会ったふりをし、「ちょうど買い物の帰りなんです。いっしょに戻りましょうか」と誘います。

同じパターンを繰り返す場合はルーティン化療法が効果的

たとえば、「会社に行く」と言って毎日同じ時間に同じコースを歩くような行動は、前頭側頭型認知症でよくみられます。意図して行動するのではないので、本人も止められません。他人が無理に制止するとかえって怒らせてしまうので、この場合は毎日のスケジュールを決めて困った行動を別の生活習慣に置き換える「ルーティン化療法」という作業療法が有効とされています。認知症外来や精神科など、この療法を実施している施設は徐々に増えてきています。

対応と工夫

- 出て行ったことがわかるようにドアに鈴をつけたり、センサーを利用する。
- 近所の人たちに見守りをお願いし、連絡先を伝えておく。
- 歩いているところを見つけたら、偶然会ったふりをしていっしょに帰る。

・コラム・

認知症高齢者の地域見守りネットワーク

国が認知症高齢者対策として推進している「新オレンジプラン」には、地域で見守りのネットワークをつくり、認知症の人だけでなく高齢者が安全に、安心して暮らせる地域をつくっていくことが掲げられています。この方針に沿って、警察署、郵便局、医療機関、商店、タクシー会社、生協など、官民問わず地域の関連機関や住民が協力して、それぞれの地域の実情に合った見守り活動を行うところが増えてきました。

認知症高齢者で行方不明になったり、ひとりで街を歩き回っているうちに事故にあってしまったりといったケースが後を絶たないことから始まった取り組みですが、国の制度を待たず、町内会や老人クラブ、マンション自治会などで早くから自主的に活動してきたグループもあります。活動歴の長いネットワークでは、ただ行方不明の高齢者を探すだけではありません。独居の高齢者が多い地域では、住民が定期的に戸別訪問したり、災害時の要援護者リストを作成したり、買い物の手伝いをするなど、ニーズに応じて多彩な活動が展開されています。

お住まいの地域でどのような見守り体制があるかは、地域包括支援センター（56頁の注、195頁参照）に尋ねると教えてくれます。

カウンセラーのアドバイス⑥

ストレス対処法

ストレスをなくすことはできませんが、上手に処理をすることで、軽減することはできます。

まずは、自分のストレスはどのくらいなのか、最大を100として、今抱えているストレスはいくつか考えてみましょう。80ですか？　60ですか？「もう限界と思っていたが60くらいかもしれない。まだ40も余裕があるんだ」「まだまだできると思っていたが98で、もう限界」など。目に見えないストレスを数字に置き換え、認識するという作業は、自分のストレスの状況を把握するために役立ちます。

ストレス対処法は、大きく分けて3つあります。1つめは「問題と向き合う」、2つめは「回避する」、3つめは「発散する」です。「問題と向き合う」というのは、ストレスのおもな原因を突き止め解消し、ストレスを減らそうというものです。たとえばストレスの原因が入浴の拒否であれば、入浴拒否の理由を推察し、スムーズに入浴してもらえるような方法を考えます。しかし問題と向き合うという方法は、逆にストレスを増大させてしまうこともあります。時には、「問題と向き合う」「回避する」を上手に組み合わせてストレスに対処するとよいでしょう。たとえば、入浴サービスを利用する、デイサービスでお風呂に入れてもらう、といったことは2つを組み合わせた上手な対処方法といえます。

「回避する」というのは、ショートステイなどを利用し、いったん介護から離れること。「発散する」はストレスを発散できる方法を考えること。運動する、おいしいものを食べる、マッサージに行く、友達と話す、などさまざまな方法があります。これら3つをうまく組み合わせて自分に合ったストレス対処を考えましょう。

◆1日のスケジュールを書き出してみる

ストレスの解消が大切とわかっていても、その時間が持てないことがストレスだという人にひとつ提案です。

あなたの1日のスケジュールと、あなたが介護している家族の1日のスケジュールの表を並べて書き出してみてください。2つの表を並べて突き合わせてみると、本人がデイサービスを利用している間、朝起きてくるまでの時間、夜眠ってから自分が眠るまでの時間など、自分だけの時間を見つけることはできませんか？　短い時間ではあっても、その貴重な時間を自分のために有効に使うとよいでしょう。

18

「誰かがのぞいている！」と騒ぐ

Case

ないものが見える幻視につき合って家族は睡眠不足

レビー小体型認知症にかかっているSさんは、徐々に歩行困難などの症状が進んで、ベッドで過ごすことが多くなり、ボーッとしているようで家族は心配していました。ところが、最近、「ヘビがいる！　ここまで来て這《は》い上がってくる！」と叫んでベッドから落ちそうになったり、「ほら、あそこから誰かのぞいている！」と窓を指差して騒ぎ、家族が窓まで行って確かめ、「誰もいませんよ」となだめても、しばらくすると、また同じように騒ぎます。夜中に騒ぎ出すことも増え、そのたびSさんの気のすむまで対応し、家族は睡眠不足になってしまいました。

本人にとっては幻覚が現実の世界

認知症のうちでも約2割を占めているといわれるレビー小体型認知症は、記憶障害をはじめとする認知機能の障害のほかに、そこにないものが見えたり（幻視）、いない人の声が聞こえたり（幻聴）といった幻覚症状があらわれることが多いのが特徴です。歩行が不安定になったり、小刻みに震えるといったパーキンソン症状もあらわれます。また、これらの症状は、1日の中で特定の時間帯に重くなる日内変動、日によって重かったり軽かったりする日間変動を伴って出現します。

レビー小体型認知症の場合、幻覚は、脳の中に異常なたんぱく質が蓄積して感覚の情報が正しく伝達されなくなり、視覚野や聴覚野の働きが障害されて起こります。正常な人には信じがたいほどリアルな感覚です。Sさんの例でいえば、「ヘビがいる!」のヘビは、ヌルヌルとした本物のヘビを脳でイメージしています。リアルなだけに恐怖感も強く、騒ぎが大きくなるのだと考えられます。幻聴では、すでに亡くなった夫や妻、親などが話しているのが聞こえるということもあります。声の主が亡くなっていることをちゃんと覚えている場合は、なぜここにいるのだろう、自分はいったいどこにいるのだろうと混乱をきたすこともあります。

本人にとっては幻視・幻聴が現実です。したがって、まわりの人から、見たこと聞いたこと自体を否定されても、納得はできませんし、安心もできません。「またありもしないものを怖がって」などと言って、本人からの訴えをまともに取り合わないでいると、よけいに不安や恐怖がつのり、暴力が出ることがあります。本人は、幻覚にあらわれる恐怖の対象物とたたかっているつもりですが、それが介護する側からは暴力に見えるのです。

ただし、目や耳の異常で幻覚が出ることもあるので、まずは医師に幻覚の症状が出たときの様子を話し、診察してもらう必要があります。また、せん妄があると幻覚がより強くなります。家族が話しかけても目線を合わさず、ひとりでわめき騒いでいるような状態のときは、せん妄かもしれません（第3章21参照）。

恐怖や警戒心がみられるときは、家族がしっかり確認して安心させる

レビー小体型認知症のある男性は、昼間は穏やかに過ごしていますが、夜中になると幻聴と幻覚があらわれます。同居の妻によれば、1カ月間入院した後にさらに悪化したとのこと。「誰かの声がした」「ノックの音がした」と言っては、懐中電灯を持って家じゅうを点検して回り始めますが、歩行がおぼつかないため途中で転倒し、うずくまってしまいます。さらに、ベッドまで連れて行くのも大変です。幻覚だとはわかっていても、妻はどうしてもいらだちを感じてしまっています。

幻覚の症状があるときはまず、否定しないことです。前にも述べたとおり、否定しても本人には納得がいかないからです。そのうえで、本人が幻覚のためにどのような感情にかられているかを見て対応します。

80歳のTさんは、夜中にちょっとした物音で起き上がると、バットを持ち玄関先で手当たり次第に振り回すので、家族も近寄れないような状態が続きました。あるとき、本人が疲れてやっとおさまった後に、妻が「誰がいたの？」と聞いたところ、「若い夫婦だよ。この家はもう2家族でいっぱいだと言ってるのに入ってくるから、泥棒にちがいない」と言ったそうです。戦後まもなく、焼け出された家族同士で家を融通しながら暮らしていた当時のことを思い出し、幻覚にあらわれた人物を追い出そうとしたのだろうと家族は想像しました。ひとまずその場では、「ちょっと見てきますね」と外回りを確認し、「大丈夫、逃げていったようですよ」と知らせたら落ち着いて眠ることができました。こんなことが毎夜続けば家族も眠れませんが、本人も、誰か入ってくるのではないかと緊張していて寝つきがよくない様子でした。医師に相談して睡眠導入剤を処方してもらい、夜は雨戸を閉めて家族もテレビを消し静かに過ごすようにしたところ、夜中に幻覚で起きることが少なくなったといいます。

怖がったり、警戒心を強く持っていたりするときは、家族がしっかり確認して「いませんよ」と穏やかに言って安心できるようにします。もう大丈夫、ということをしっかり伝えてください。

本人が困っていない幻覚なら話を合わせて自然に話題を変える

同じ幻覚でも、とくに害のない例もあります。

Uさんは2世帯同居です。ある日、Uさんが娘さんのところに「みんなにお茶とお菓子を出してくれ」と言いにきました。誰か来ているのかと思い、娘さんが客間をのぞいてみたら、座卓のまわりに座布団が並べて置いてありました。「お父さん、何人来てるの？」と聞けば「6人だ」と言います。「誰？」と聞いたら、「教え子だよ」とうれしそうに答えました。それで、「お父さん、もう帰ったみたいですよ」と言ったところ、「ああ、そうか」と怒りもせず話したそうです。その後、何もなかったかのようにしていました。

この例のように、本人がうれしい気持ちになれる幻覚もあります。そんなときは、やんわり話を合わせつつ、ちょっと話題を変えるなどして生活の流れを保つようにします。

対応と工夫

- 本人が「見た」「聞いた」と言っていることを否定しない。
- 怖がっていたら「もう大丈夫」と穏やかに言って安心させる。
- 怖いわけではなさそうなら、話を合わせて自然に話題を変える。

19 買い物に行くたびに同じ物を買ってくる

Case

同じ物ばかり買ってきて、冷蔵庫が満杯に

夫が亡くなった後、ひとりで暮らすVさんは、近所へ買い物に出かけるのが楽しみです。しかし、困ったことに、毎日のようにパンを買ってきては、それを冷蔵庫にため込みます。隣に住む息子の家族のうち誰かが、朝夕、様子をみに行っているのですが、ある日、冷蔵庫を開けてビックリ。食パンや菓子パンなどで満杯になっていました。「こんなに買ってどうするの。しかも、冷蔵庫に入れちゃって、ほかの物が入らなくなるでしょ！」と言っても、「もったいない」「悪くなるといけないから」と弁明。掃除の際に、ベッドの下からカビの生えたパンがたくさん出てきて、捨てたこともありました。

買ってくる物は人によってそれぞれこだわりがある

アルツハイマー型認知症のある女性は、手助けがあればまだ自分のことは自分でできる状態ですが、買い物に行くたびに、近所のスーパーで鯵《あじ》の干物と豆腐を買ってきます。冷

蔵庫にたまった古い物を夫が捨てようとすると、「もったいない」と言って捨てさせないので常に冷蔵庫は満杯。本人が見ているところで捨てると怒るので、入浴中などを見計らって賞味期限の過ぎているものを捨てました。奥にあるものから1つ、2つとこまめに捨てても目に見えて減るわけではありませんが、今より増えることはありません。

同じ物を何度も買ってきてためておくのは認知症の人にとてもよくみられる行動です。買ったことを忘れてしまっているから起こるのですが、繰り返し買ってくる物はたいていその人によって決まっています。ある女性はそれが卵でした。毎日スーパーへ行っては1パックずつ買ってくるので、家族だけでは消費しきれず、近所の人に配ってもまだ余るほどだったといいます。

若年性認知症の当事者が、インタビューに答えて次のように語っています。

「なぜ同じ物がたくさんあるのかわからないのですが、どうしてもトイレットペーパーを買わないといけないと思ってしまいます。しかし家に帰ると、また買ってきてしまったと思い、隠していました」(『ぽ～れぽ～れ』2012年10月25日号より)

日用品ならほかに、ティッシュや洗剤、靴下などを買ってくる人もいます。過去に買い忘れて困ったことがあって、その頃の自分に戻っているのかもしれません。食品を買ってくる女性なら、子どもたちがまだ小さい頃、たとえば毎日卵料理をつくって食べさせていたのかもしれないと想像できます。買う物にこだわりがあるということは、そこに何かその人なりの理由があるのでしょう。

お店の人に事情を話して協力してもらう

とはいえ、食品は日がたつと悪くなっていくので、あまりたくさんたまるのは困りものです。ただし、「また買ってきたの！」と怒っても、本人は買ったことを忘れてしまっているので、なぜ怒られているのかがわからないばかりか、怒られたときの嫌な感情だけが残ってしまって逆効果です。認知症の初期であれば、買い物のリストを書いて渡したり、冷蔵庫や玄関などに「○○は買わないこと」と書いた紙を貼って、文字情報で伝えるとよけいな買い物を減らせる場合もあります。

いっしょに買い物に行けるときは、ついていくのが一番安心ですが、同居家族がみんな昼間は働いていたりすると無理なときも多いと思います。買いに行く店が決まっているなら、お店の人に事情を話し、あとで返しに行くことにしたり、「明日が特売だから明日にしたらどうですか」とか「これはあとでご自宅に配送しますね」と言ってもらうなどの協力をしてもらうといいでしょう。町内会長が全戸６００軒の皆さんに協力をお願いしたという地域もあります。町ぐるみで見守りの態勢ができていると、頼みやすいと思います。

ただ、大型スーパーだと個別の対応が難しいこともあるようです。

デイサービスや地域の集まりなどほかの活動時間を増やす

孤独感や不安、ストレスなどが背景にあって買ってきた物をため込んでいることもあります。ゴミを集めてきて部屋にためている高齢者が問題になることがありますが、根底にある感情は同じかもしれません。心の中に何か満たされないものがある場合、冷蔵庫やクローゼットがお気に入りの物でいっぱいになっていると落ち着くのでしょう。そういう場合、買ってきた物をいっぺんに片づけてしまうと、さらに買い物に拍車がかかることもあります。片づけすぎない配慮が必要です。

なお、人の物を自分の物と思い込んで取ってきて自室に置いておくといった行為がみられる場合は、前頭側頭型認知症などにあらわれる精神症状の一種かもしれません。医師に相談してみましょう。

買い物にひとりで行けるのは、悪いことではありません。ただそれが毎日だとすると、ほかにやりがいのあることがなくて手持ち無沙汰ということも考えられます。

たとえば食品を買ってくる人なら、料理がしたいと思っているのかもしれません。食事のしたくの際に、下ごしらえの手伝いなどを頼んだら張り切ってやってくれるでしょう。

デイサービスに行くのを楽しみにしているようなら、行く日を増やしてもいいと思います。また、本人が関心を持ちそうなサークルなどが地域にあれば、そういう集まりに参加してみるのはどうでしょう。毎日の生活がいきいきとしたものになるように、生活のスケジュールを見直すと買い物に行く頻度を減らせるかもしれません。

対応と工夫

- ためている物を捨てるときは本人の見ていないところで捨てる。
- 店の人や町内の人たちに協力をお願いする。
- 日々の生活がいきいきと充実したものになっているか見直す。

コラム　介護離職を防ぐには

1999年に育児・介護休業法が施行され、その後、実態に合わせるべく何度か法改正が行われていますが、今も毎年約10万人が介護のために仕事を辞めています。育児で離職するのはほぼ100％が女性ですが、介護では男性が約2割を占め、職場の中堅層にあたる40歳代・50歳代が占める割合が男性で4割、女性では6割にのぼります。この年代は家計を担う立場であることも多く、離職は経済的にも大きな打撃であるはずですが、それでも辞めざるを得ない事情、両立がかなわない状況があるということをこの数字は示しています。

現在、育児・介護休業法で規定されている両立支援制度には、要介護者1人につき93日間の介護休業と、これを選択しない場合のフレックスタイム制、所定労働時間の短縮制度、始業・終業時刻の繰上げ･繰下げ､また､年5日とれる介護休暇もあります（2017年1月施行の改正法では、さらに取得しやすくなります。巻末資料の200頁参照）。法律で定められた制度ですから、1年以上勤務し、雇用保険に加入しているなどの要件を満たせばパートなど非正規の人も取得できるのですが、利用する人は3.2％（2012年厚生労働省調べ）。40歳代・50歳代で介護しながら働いている人は約1割いるとされているのに対し、極めて低い利用率です。

職場によっては、介護で休める期間がもっと長かったり、半日あるいは時間単位で介護休暇がとれる制度があったりします。あらかじめ家族の状況を上司や同僚に話しておけば、両立支援制度を利用する際にも受け入れてもらいやすくなるばかりでなく、シフトやスケジュールの調整時に配慮してもらい、仕事を続けやすい環境をつくっていくことができるでしょう。同時に、ケアマネジャーにも職場の状況を伝え、ショートステイなど利用できる介護保険サービスの調整をしてもらいます。

第3章

高齢者にあらわれやすいさまざまな症状と認知症

20 多剤併用で症状悪化

Case

処方薬は、なんと1日十数種類！

88歳のaさんは、アルツハイマー型認知症に加え、高血圧、多発性脳梗塞《のうこうそく》、薬剤性パーキンソン症候群、変形性膝関節症《しつかんせつしょう》をわずらっています。いろいろな病気を抱えているため、処方されている薬はなんと十数種類。介護はもっぱら80歳を過ぎた妻が担っていますが、飲み忘れのないようにするだけで、ひと仕事です。認知症の症状も徐々に進行し、徘徊《はいかい》やデイサービス先で暴れることも。何より困ったのは、夜間のせん妄です。夜中、ベッドの手すりをドンドンたたき、家族は眠れません。そんなとき、妻が転んだ拍子に骨折してしまいました。同居の娘は仕事もあり、今後どうしようか、頭を抱えています。

たくさんの薬に管理も大変、副作用も心配

年齢を重ねれば、誰しも病気や障害の1つや2つは抱えるようになります。認知症の人も、高齢になればなるほど、高血圧や糖尿病、脂質異常症などの生活習慣病や、腰痛や膝

痛、股関節痛《こかんせつつう》、あるいは白内障や緑内障など目の病気、耳が遠くなるなど、さまざまな病気を持っている場合が増えていきます。その結果、認知症の薬以外に、高血圧なら降圧剤など内科で処方された薬、腰痛なら鎮痛剤など整形外科の薬、その他、眼科や耳鼻咽喉科など、抱える病気に応じ、それぞれの診療科から薬が処方され、合計10種類以上の薬を毎日使用しているという人も珍しくなくなります。

徘徊やせん妄も多剤併用の影響大

ａさんも、認知症の薬以外に、降圧薬や膝痛の薬など十数種類の薬を処方されていました。服用のタイミングも異なり、朝食後に飲む薬が2種類、3食毎食後が5種類、朝食と夕食後が8種類、夕食後のみが1種類、就寝前もあります。それぞれ毎1錠とは限らず、薬によっては毎2錠、3錠というものも。もっぱら介護を担う妻も高齢で、薬ボックスや「お薬カレンダー」（73頁参照）などを利用していても、たくさんの薬を忘れずに飲ませるのは大変です。ときには飲み忘れることもありました。

その後、母親の骨折による入院で、介護を引き継いだ娘さんは、飲み忘れの薬が山のように残されているのを見て驚きました。じつは、入院をきっかけに、母親の認知症が顕在化していくのですが、そのときは、「お母さんもこんなに薬があると、飲ませるのを忘れちゃうよね」と、受け止めていました。

担当のケアマネジャーに相談したところ、紹介されたのが在宅医療の医師です。さっそく自宅に来てaさんをみた医師は、「薬が多すぎますね。こんなにあったら、飲み忘れがあってもおかしくないし、多剤併用はいろいろな影響を及ぼしますからね」と懸念《けねん》を示し、薬の削減に取り組んでいきました。様子をみながら減らしていき、十数種類も服用していた薬をついには6種類にまでに減らすことができたのです。その結果、aさんの徘徊や夜間せん妄はみられなくなり、介護度も要介護3から要介護2に、ベッド生活からも抜け出し、通所介護も可能になりました。医師の、「せん妄や、もしかしたら徘徊も、多剤併用の影響だった可能性が高いですね」という言葉に、改めて薬の怖さを思い知った娘さんです。

在宅療養支援診療所の医師に変更したことがよい結果に

このままでは、両親とも介護することになるのでは、と悩んでいた娘さんですが、ケアマネジャーに相談し、初めて在宅訪問診療（149頁「在宅療養支援診療所」参照）を行う医師の存在を知りました。訪問看護師やヘルパーさんなどとチームを組んで在宅医療に取り組んでいると聞き、こういう介護方法なら仕事をあきらめることなく続けることができるかもしれないと考え、いっしょに取り組んでいくことにしました。

ただ、病院や医師を変えるというのは、介護する家族にとっては一大決心です。母親の骨折での入院がきっかけになったものの、このまたくさんの薬を飲み続けていたらと、症状が改善された父親をみるにつれ思わずにはいられません。

薬剤によるふらつきやめまいから転倒不安も

70代半ばのｂさんは、以前から糖尿病もわずらっているうえ、股関節痛も抱えていました。そのため、毎日の薬は12～13種類にものぼります。最近は、めまいやふらつきなどが起こり、歩行中もバランスを崩し転びそうになることがたびたび。そこで、家族から相談された主治医は多剤併用の影響を疑い、糖尿病薬のインスリン注射も含め数種類までに徐々に薬を減らしていきました。

すると、削減を始めて3カ月後には、ふらつきもめまいもなくなりました。転倒の不安も消えたせいか、買い物にも出かけられるようになり、ＱＯＬ（クオリティ・オブ・ライフ：生活の質）も一段と向上したのです。

【ドクターのアドバイス】

◆体の機能も衰え、薬が効きやすい状態に

高齢になると、多くの薬を服用するようになり、飲み合わせによる副作用が心配されます。一方で、薬の代謝や排せつに関係する肝臓や腎臓などの機能は衰えてくるため、なかなか体外に排出されず、薬剤成分の血中濃度が高い状態が続き、その結果、薬が効きすぎるようになることもあります。

薬の影響に関する東大病院の調査では、服用している薬が6種類以上になると、副作用の影響が急に増えることがわかりました。5種類以上の服用でも、ふらつきが起こりやすくなり転倒の危険性が高まるとされています。副作用は、ふらつきやめまい、転倒や抑うつ、せん妄や物忘れ、食欲低下、排尿障害、便秘など多岐にわたります。

◆副作用を抑えるためにと増える薬

とはいえ、どんな薬にも多かれ少なかれ副作用はあります。そこで、副作用を抑えるために他の薬を処方します。たとえば、鎮痛剤の副作用である胃の障害を抑えるため、胃薬を処方するように。これを「多剤併用」といい、一般によく行われていることですが、この調子でいくと、薬はどんどん増えていくばかりです。

しかし、最近では、多剤併用がよくみられた精神疾患でも、控える動きがみられるようになってきましたし、抗認知症薬にしても、アリセプト®やメマリー®などより少ない種類の薬で症状に対応できるものが処方されるようになってきています。症状をきちんとみる前提で、数種類の薬が配合されている配合薬を利用することなどにより、薬の種類や数は抑えられるでしょう。

◈薬が増えて、せん妄などの症状が出てきたら相談を

ａさんも、処方された薬が計十数種類もあり、せん妄や徘徊などは多剤併用の影響ではないかと推測しました。そこで、訪問看護師、訪問薬剤師、ホームヘルパーなどと連携しながら、慎重に様子を観察し薬を減らしていきました。薬を減少させていくには、各専門職に加え、家族など介護者との連携が欠かせません。

せん妄については、次項で詳しく紹介しますが、低活動性と過活動性があり、前者は食欲不振など、後者は暴れたり夜間せん妄で動き回るなどの症状があらわれます。ａさんは、典型的な過活動せん妄の症状を呈していましたが、薬剤を見直し減らしたことで、症状がピタリと消えました。

このように、せん妄の原因のひとつに薬剤があるとみられており、精神科や心療内科な

どの領域の病気でも、一日中せん妄が起こるような場合、薬剤性を疑うといわれています。とくに、認知症の治療では、症状それぞれに応じた薬を処方する場合が多くなるので注意が必要です。不眠障害があるとハルシオン®やデパス®などの睡眠薬や抗不安薬を処方します。ほかに、ガスター®など消化性潰瘍治療薬や、プレドニン®などステロイド剤も、せん妄を引き起こしやすいとみられています。薬の種類が増え、それに伴い、せん妄などの症状が強くあらわれてきたようなときは、一度主治医に相談することをすすめます。

◈検査なしで漫然と処方される場合も

cさんは、以前から糖尿病を抱えていました。糖尿病があると認知症を発症しやすいというように、2つの病気の関係についてはさまざまな研究報告があります（詳しくは、第3章25で紹介）。cさんのふらつきなども薬の影響を疑い減らしていくことにしたのですが、その際、糖尿病薬のインスリン注射も対象としました。

持病に高血圧や糖尿病などを抱えている人の場合、本人がなかなか受診できる状態でないこともあり、家族が病院に行って、「いつもの薬をお願いします」と、代わりに処方してもらうケースも少なくないでしょう。cさんも、ずっと検査をしていなかったらしく、調べてみたらむしろ低血糖気味でした。そこで、タイミングを慎重に見計らって検査をしながら、インスリン注射から飲み薬に変えたのですが、それでも運よく十分コントロールできる状態で、現在では、自力でスタスタ歩けるようになっています。

対応と工夫

- 薬を6剤以上服用している場合、副作用にも配慮。
- 徘徊やせん妄、ふらつきなどの症状が多剤併用の影響ではないか見直しも。
- 多剤併用が疑われるときは勝手にやめず、まずは主治医やケアマネジャーなどに相談を。
- 検査などを受けずに、持病の薬の処方が習慣化されていないか、今一度チェック（改めて検査を受けて主治医とよく相談する）。

コラム

在宅療養支援診療所

地域の在宅医療を担う診療所で、必要に応じて他の病院や歯科、薬局、訪問看護ステーションなどと連携を図りながら、1日24時間、患者や家族の求めに応じ、往診や訪問看護ができる体制を確保している医療機関です。2012年からは、常勤医師が3人以上、過去1年間の看取りが2件以上などの要件を満たしていると、機能強化型在宅療養支援診療所と呼ばれるようになりました。また、現在では、診療所だけでなく病院にも対象を広げ、在宅療養支援病院も認められています。

自宅で、点滴や静脈栄養の管理、酸素装置などの医療を行い、介護する家族を支えながら、ターミナルケア（終末期ケア）から看取りまで担う場合もあります。

在宅療養支援診療所は、入院している場合は病院の相談室などに相談すれば紹介してくれるはずです。地域であれば、まずは慣れ親しんだかかりつけ医(*)に往診が可能かどうか打診してみましょう。その結果、往診が難しいとなれば、ケアマネジャーや地域包括支援センター、保健センター、地域の医師会などに相談してみます。とくに、訪問看護ステーションはいろいろな在宅医と連携して看護にあたっていますから、患者の病気に詳しい在宅医を紹介してくれる可能性が高いでしょう。

（*）「かかりつけ医」とは、患者の過去の病歴等も把握している医師のこと。内科、外科などの専門にこだわらず、さまざまな病気を診ることができ、必要に応じて専門医への紹介もしてくれる。

21 脱水がもたらす、せん妄

Case

穏やかに暮らしていたのに、突然あらわれた夜間のせん妄

息子さん一家と住むdさんは2年前からアルツハイマー型認知症と診断され、以来、言ったことを忘れたり、同じことを何度も繰り返し聞くなどの症状がみられるようになってきました。家族がdさんの言葉を強く否定するようなこともなく上手に対応していたので穏やかに暮らしていたのですが、先日、深夜に突然、起きて部屋の隅を指し、「あそこに知らない人がいる!」と、大声でわめきだしたのです。家族はびっくりして、「大丈夫よ」となだめましたが、わけのわからないことを叫んで暴れます。その夜は、ひとしきりわめいたあと、疲れたのか、やっと眠ってくれました。家族は、dさんに夜間せん妄が出てきたのではないかと気がかりです。

幻聴や幻視などの言動が伴うせん妄

せん妄は、わけのわからないことを言ったり、実在しない人や物が見えるなどの言動（幻

視・幻聴）があらわれる急性の意識障害で、「意識のくもり」と呼ばれる軽度のものから、死に至るものまでさまざまです。せん妄を引き起こす原因には、認知症以外にも、脳血管障害や脳腫瘍《のうしゅよう》、入院、手術、拘束、脱水、不眠、発熱、骨折、薬物の副作用、ストレスなどがあります。

ｄさんは、冬場のこの時期、寒いと言って服をたくさん着込み、厚着をしていました。夜、寝るときまで下着を2～3枚着たうえにパジャマ、さらには電気毛布を使うなどしたためか、汗をかいて起きることもしばしば。部屋はエアコンで適温に調節されており、家族はこまめに着替えさせながら、「下着を減らしては？　かえって汗で風邪をひくよ」と言うのですが、「寒いから」と、厚着は変えず、汗をかいては起きるということを繰り返していました。そんな状況で起きたのが、今思えば、夜間せん妄でした。

汗をかいた後には、必ず白湯かお茶を飲ませていたのに……

せん妄は夜間に起きることが多く、ときには乱暴な言動を伴うこともあり、介護者は大変です。睡眠不足になって疲労困憊《こんぱい》、介護うつに陥るケースも少なくありません。

ｄさんの家族も、眠い目をこすりながら、なだめて落ち着かせるよう努めました。また、汗をかいたのだから水分補給をしなくてはと、着替えとともに白湯《さゆ》やお茶を飲んでもらうようにしていました。

ところが、主治医に相談したら、「水分はちゃんととっていましたか?」と聞かれ、「はい、お茶か水を飲ますようにしていました」と家族が答えると、「なるほど。お茶や水ではだめだったかな。（低ナトリウム性）脱水が起きて、それがせん妄の引き金になったのかもしれませんね」と言うのです。

せん妄が起きたのは脱水が原因

せん妄が引き起こされる原因にはさまざまありますが、そのひとつに脱水があります。夏はよく熱中症対策として、水分補給を心がけますが、見逃されやすいのが冬場の脱水対策。認知症になると判断力も低下し、暑さ寒さに対する感覚が鈍化していく人もいて、dさんのように汗をかくほど厚着をしたままでいるということもみられます。また、エアコンの温度を高めに設定したまま眠り込み、汗をかいて脱水を起こしてしまう人もいます。

人は夜、寝ている間に、成人で1日約1リットルの水分が失われるといいます。ところが、寝る前に水分をとると、夜、トイレに起きることになるからと言って、水分摂取を控える人がいます。また、介護者が夜、トイレなどで起こされることを嫌がり、水分を控えさせる場合もあるようですが、適度な水分補給は必要です。

高齢者の場合は、1日の目安として、2リットルが必要といいます。たいてい食事から1リットルはとるので、残りの1リットルを飲み物から意識してとるようにしましょう。

水やお茶だけでは不十分、大切な塩分補給

ただし、脱水対策には、お茶や水をとるだけでは不十分。脱水とは、体内の水分とともに塩分も減ってしまった状態です。そのため、塩分（ナトリウム）を補う必要があるのですが、水やお茶だけをガブガブ飲んでも、かえって体液のナトリウム濃度が薄まるだけということも懸念されます。ナトリウム不足では、脱水症状は改善されません。塩分濃度が異常な状態になると、脳の神経細胞の働きに影響を与え、その結果、せん妄という意識障害を起こすと考えられています。

そこで、脱水対策には、水やお茶とともに梅干しを食べるなど塩分補給が欠かせません。市販されている経口補水液を利用するのもおすすめです。水1リットルに対し塩3グラム（小さじ2分の1）、砂糖40グラム（大さじ4と2分の1）を混ぜれば、手づくりすることもできます。これは、夏の熱中症対策にも有効です。

dさんも経口補水液を飲むようになってから、夜間せん妄を起こさないようになりました。

便秘が引き起こすせん妄も

せん妄を引き起こす要因には、脱水のほか、便秘もあげられます。

認知症と診断されてから数年過ぎた76歳の女性ｅさんは、夜間せん妄があらわれてきて、家族は困っていました。あるとき、ショートステイの施設に預けたところ、「便秘がひどかったようですね。先生に相談して便秘薬を出してもらいました」と言われました。確かに、このところ便秘気味で、お腹をさすったり、食事に気をつけてはいたものの、本人はつらかったようです。

処方された便秘薬を使い出してから、便通も改善されていき、同時に、本人のイライラも軽減してきました。さらには、夜間せん妄も起きなくなってきたのです。あとで、医師から「便秘からせん妄を起こすこともありますからね」と聞き、まさか便秘のせいだったとは、と家族は驚いていました。

昼夜逆転も夜間にせん妄を引き起こす要因

冒頭のケースで紹介したｄさんと、便秘からせん妄を起こしたｅさんには、共通項がひとつありました。それは、ともに昼間はテレビを見ながらウトウトしていることが多かったという点です。昼間、それなりに活動的な生活をしていないと、夜、しっかりと眠れず、認知症の人では、せん妄や徘徊などを引き起こしかねません。それぞれ脱水と便秘という要因はあったにせよ、二人とも昼夜逆転の傾向がみられました。昼夜逆転も、せん妄を引き起こすリスクとなります。

昼夜逆転を防ぐには、昼間はデイサービスを利用したり、買い物や散歩に誘ったりして、適度に体を動かす生活を心がけましょう。昼間の適度な活動は、便秘予防や生活習慣病の改善、うつなどメンタルトラブル予防などにも有効です。

また、眠くなくても、夜決まった時間になるとベッドに入るという人もいるようですが、早くから寝れば、夜中に起きてしまうのは当然といえば当然。早くから無理にベッドに入らずとも、家族とともに起きていて、自然に眠くなったらベッドに入るようにしてもいいでしょう。

このほか、せん妄は服用している薬の影響で起きることもあります（第3章20参照）。

【ドクターのアドバイス】

◆日内変動という特徴を持つせん妄

認知症の症状には、記憶障害や判断力の低下などの中核症状と、幻覚や多動、妄想や抑うつ、徘徊や暴言などのＢＰＳＤ（行動・心理症状、15頁参照）があり、これらに加えてせん妄がみられる場合があります。

中核症状は半年から1年のスパンで徐々に認知機能が低下、BPSDは3カ月〜2年間ぐらいの間にあらわれたり消えたりを繰り返すのに対し、せん妄は突然起き、日内変動があるという大きな違いを持っています。ほとんどの場合、せん妄はBPSDにくらべて長く続かず、数日〜数週間で消えます。そのため、適切な処置をすることで予防・改善することが可能です。ただし、時に致死的なせん妄があるので、注意が必要です。

◆一番多い原因は脱水

せん妄を起こす原因はさまざまで

図　症状には3つの相がある

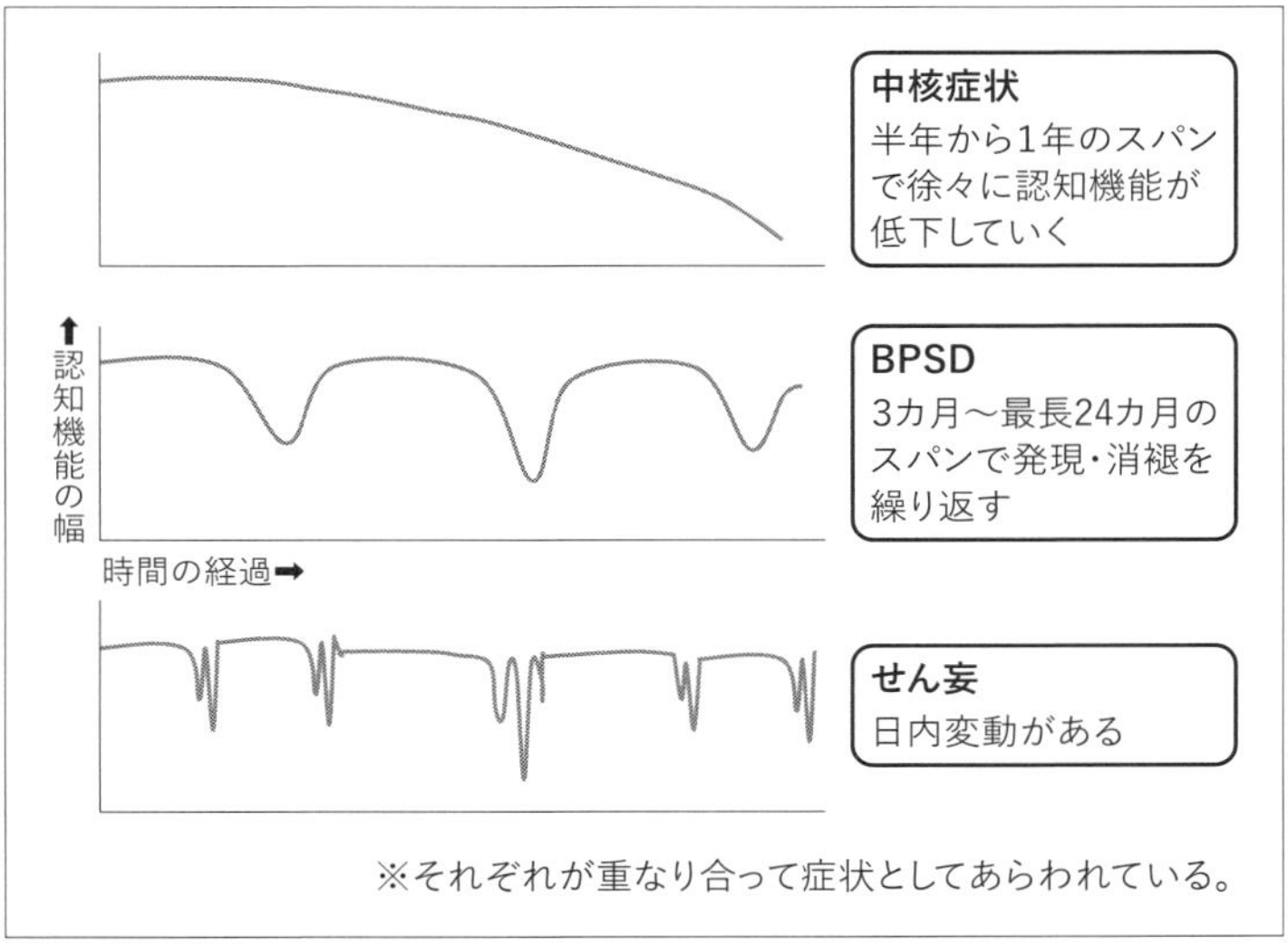
中核症状
半年から1年のスパンで徐々に認知機能が低下していく
↑認知機能の幅
時間の経過➡
BPSD
3カ月〜最長24カ月のスパンで発現・消褪を繰り返す
せん妄
日内変動がある
※それぞれが重なり合って症状としてあらわれている。

高瀬義昌医師作成

す。鎮静剤や抗うつ薬、抗ヒスタミン剤、感冒薬のほか、認知症の薬が引き金になる場合や、便秘などの体調トラブルだけでなく、肺炎や尿路感染症などの病気がきっかけとなることも。介護施設や病院に入ったり、住居の引っ越しなど、環境の変化で起きることもあります。

なかでも一番多い原因は、脱水です。夏の熱中症も要注意ですが、冬も暖房の効きすぎた部屋に長時間いると脱水を起こしやすくなります。熱中症でも意識がもうろうとなることがありますが、あれもせん妄の一種。同じように、脱水からせん妄が起き、夜間などに幻視や幻聴などの意識障害があらわれてきます。

また、高齢者の場合、筋肉の衰えも脱水を起こしやすくさせる要因です。体を動かすために必要な水分とイオンをためている筋肉が減少すると、脱水を加速させます。そのため、筋肉を減らさないよう、適度な運動に努めることが大切です。

◆水分だけの補給は低ナトリウム性脱水を引き起こすことも

脱水予防で気をつけたいのは、水分だけでなく塩分も補給すること。水分だけをとっていると、血液が水増しされた状態になって、低ナトリウム性の脱水を起こしてしまうこともあります。その結果、せん妄が悪化し、意識混濁になってけいれんを起こしたり、命が危ぶまれる状態に陥ることもないとはいえません。そこで、おすすめなのが経口補水液。これは、スポーツドリンクよりもイオンとブドウ糖の濃度が適切に調整されています。

◆遅寝のススメ

なお、昼夜逆転や睡眠障害のある人には、遅寝をおすすめします。高齢になれば、睡眠時間は5～6時間で十分です。夜12時まで起きていれば、朝6時に起きて、ふつうです。ところが、早く寝るから、睡眠障害だ、昼夜逆転だとなってしまう。昼寝は短くして適度に活動し、遅寝を心がければ、自然と改善されるでしょう。

対応と工夫

- せん妄が起きたら、脱水や便秘、環境の急変、熱の出ない感染症（肺炎、尿路感染症）なども考慮。
- 夏の熱中症対策だけでなく、冬の脱水対策も忘れずに。
- 脱水対策には、水分補給とともに塩分補給も必要。
- 便秘など排せつトラブルにも気をつけて。
- 昼間はできるだけ活動的な生活を送り、遅寝で、昼夜逆転の改善を。

22 ふらついて転倒

Case

転倒から骨折。退院後もベッドで横になってばかり

認知症のｆさん（女性・80歳）は、数年前から膝痛を訴えるようになり、腰も曲がってきました。健康診断で、骨粗しょう症の心配があると言われ薬も飲んでいたのですが、ある日、トイレに行こうとベットから降りたところ、バランスを崩して転倒、大きく横に転んで肩を強打しました。家族がすぐに病院に連れていくと、打ちどころが悪かったのか腕を骨折していて、入院することに。入院中は、環境が変わったこともあり、せん妄の症状が出てきました。やっと家に戻ってきたｆさん、少しは落ち着いたものの、ボーッとしてベッドに横になっていることが多くなり、家族は、このまま寝たきりになるのではと、心配しています。

加齢に伴い骨はもろく折れやすくなっていく

認知症の人に限らず、高齢になると気をつけたいのが転倒です。というのも、年を重ね

るにつれ骨がもろくなり、ちょっとした転倒でも、骨折に結びつくことがあるからです。
骨がもろくスカスカになる状態を骨粗しょう症といい、日本人では約１２８０万人がかかっているとみられています（「骨粗鬆症の予防と治療ガイドライン２０１５年版」）。このうち、男性は約３００万人程度で４分の１、残り４分の３の約１０００万人は女性で、圧倒的に女性に多いという特徴を持っています。

これは、女性は閉経を経て、骨を強くする働きのある女性ホルモンのエストロゲンが急に減少するなど、ホルモン分泌のバランスが大きく崩れることが影響しています。ちなみに、更年期以降、女性に脂質異常症など生活習慣病が増えるのも、エストロゲンの激減が関係しているとみられています。

もともと男性は骨格がしっかりしていて骨も太く、蓄えられた骨量も多いため、骨粗しょう症のリスクは女性ほどではないのでしょう。それでも、高齢になれば男性も骨粗しょう症にかかりやすくなります。とくに、男女とも飲酒をしている人やタバコを吸う人はリスクが高くなるので要注意です。

いずれにせよ、女性は50歳前後の閉経期から徐々に骨がもろくなっていきますから、中高年になったら、食事や運動などで予防に努めることが求められます。

認知症の人は転倒しやすい

さらに、認知症になると転倒しやすくなるようで、一説によれば、認知症でない人にくらべて転倒リスクは2倍に高まるといいます。たとえば、以前は危ないとわかって気をつけていた場所や状況を忘れてしまいます。すると、歩くたび毎回、同じところで同じ物につまずいたりぶつけたりします。また、認知機能も低下するため、障害物があると気づかずにぶつかり、転倒しやすくなります。障害物をとっさによけることも難しく、バランスを崩して転びやすくなるのです。

足元にいろいろな物が置いてあると、つまずいたり足を引っかけて転んでしまいがちです。転倒により骨折すると大変です。また、倒れた拍子に頭を打つなど打ちどころが悪いと、命にかかわる病気を引き起こしかねません。部屋の中や廊下など、高齢者がいつも通るルートは、スッキリと片づけておきたいものです。

多剤併用の影響も？

ｆさんは数年前から、健康診断の際、骨密度検査で要注意と言われていました。そのため、家族は骨をつくるカルシウムや、カルシウムの吸収を助けるビタミンDなどを豊富に含む食品を積極的に食事にとり入れたり、骨を支える筋肉も衰えないよう、散歩など、適度な運動も心がけていました。

しかし、膝痛を訴えるようになった頃から、よくふらつくようになり、家族は、「立ち上がったりするときは、ゆっくりでいいからね」などと注意していました。さらに、認知症になってからは、部屋を整理整頓するよう気をつけてはいたものの、注意力が低下するのか、つまずいたりふらつくことが増えてきました。

加えてfさんは、毎日、たくさんの薬を服用していました。持病の糖尿病治療薬のインスリン注射薬のほか、膝の痛み止め薬、認知症の薬など、あわせて十数種類もの薬剤を用いていたのです。今回の転倒は、これら多剤併用の影響も否定できないのでは、と家族は思っています。

【ドクターのアドバイス】

◈骨折で認知症の症状も進む

健康であれば、古い骨が新しい骨に生まれ変わる働きがうまく機能しています。古い骨を壊す破骨細胞と、新しい骨をつくる骨芽細胞の働きのバランスがとれているのです。ところが、骨粗しょう症になると、破骨細胞の働きが骨芽細胞の働きより優位になって、骨をつくるより壊すスピードが進み骨はスカスカになっていきます。すると、ちょっとしたことで簡単に折れてしまいます。とくに、太ももの付け根を骨折すると、寝たきりになってしまう可能性が高くなります。

認知症の人が骨折すると、fさんのように、治療で入院したという環境変化がきっかけで、認知症の症状が進んでしまうことが多々みられます。身体機能も低下するため、家に戻ってきても、一度進んだ症状を戻すのには、手間と時間がかかります。転倒予防のためにも、家の中の整理整頓を心がけたいものです。

◆6カ月に1度の注射でOKの薬も

骨粗しょう症予防には、カルシウムやビタミンDやビタミンKなどを豊富に含んだ食品を積極的にとるように心がけましょう。

また、適度な運動で、骨に刺激を与えることも大切です。足腰を鍛える運動は、大腿部の骨や腰の骨などを支える筋肉を鍛え、転倒予防につながります。とくにおすすめなのは、スクワットとストレッチ。無理のない程度から、習慣づけていきましょう。

アルコールやタバコも骨粗しょう症のリスク因子です。これらは、生活習慣病などにも悪影響を与えますので、飲酒や喫煙習慣のある人は骨の健康も考え、アルコールやタバコの量を控えましょう。

表1　カルシウムを多く含む食品

食品名	含有量（mg／100g）	目安量（可食部）	可食部あたりの含有量
脱油粉乳	1100mg	大さじ3杯18g	234mg
牛乳	110mg	カップ1杯210g	227mg
パルメザンチーズ	1300mg	大さじ2杯12g	156mg
エメンタールチーズ	1200mg	厚さ1cm5cm角30g	360mg
カマンベールチーズ	460mg	厚さ1cm5cm角30g	138mg
干しエビ	7100mg	大さじ1杯6g	568mg
わかさぎ	450mg	3尾75g	339mg
イワシの缶詰（水煮）	320mg	1缶150g	480mg
サバの缶詰（水煮）	260mg	1缶220g	572mg
干しひじき	1400mg	大さじ4杯16g	224mg
大根の葉（ゆで）	220mg	1本分180g	392mg

※イワシ缶・サバ缶は1缶塩分量が各々1.2g・2.0g。塩分の取りすぎに注意。

表2　ビタミンDを多く含む食品

食品名	含有量（μg／100g）	目安量（可食部）	可食部あたりの含有量
あんこう・きも	110μg	ぶつ切り1切れ50g	55μg
かわはぎ	43μg	1尾200g（70g）	30μg
うなぎ	18μg	1尾200g（150g）	27μg
まがれい	13μg	1尾500g（250g）	33μg
きくらげ（ゆで）	39.4μg	10個30g	12μg

表3　ビタミンKを多く含む食品

食品名	含有量（μg／100g）	目安量（可食部）	可食部あたりの含有量
春菊（ゆで）	460μg	1株24g・4株96g	110μg・442μg
モロヘイヤ（ゆで）	450μg	1袋165g	742μg
ほうれん草（ゆで）	320μg	1把210g（200g）	640μg
干しのり	2600μg	1枚3g	78μg
糸引き納豆	600μg	1パック50g	300μg

出典：「日本食品標準成分表」より

最近では、骨粗しょう症の治療薬で、骨の形成を助けるカルシウム剤やビタミンD薬やビタミンK薬だけでなく、骨を壊す働きを抑える薬で6カ月に1回の注射でOKというタイプのものもあります。病院で相談してみるといいでしょう。

なお、冒頭のケースで紹介したfさんは、認知症の薬など十数種類の薬を服用していました。多剤併用によるふらつきやめまいが転倒に結びついたのかもしれません。そこで、退院後、薬を7種類まで減らしたところ、ベッドから起きてしっかり歩けるようになってきました。いろいろな薬を服用している場合は、かかりつけ医に相談してみることもすすめます。

対応と工夫

- カルシウムやビタミンD、ビタミンKを豊富に含む食品を積極的に摂取。
- 適度な運動で、骨に負荷をかけ、骨を支える筋肉も鍛える。
- 部屋や廊下などに障害物を置かないよう、整理整頓。
- 多剤併用している場合は、薬を減らすことをかかりつけ医に相談する。

23 ふさぎ込む

Case

ふさぎ込む状態が続き、最近は物忘れも

gさんは昨年妻を亡くして以来、ふさぎ込むことが多くなりました。近所に住む娘さんは、ひとり暮らしのgさんを心配して週に何回か様子をみに行きますが、最近は物忘れも頻繁にみられ、もしかしたら認知症ではないかと心配です。かかりつけ医に相談したところ、「うつ状態が続いているのかもしれないし、認知症の始まりかもしれないから、一度検査を受けたほうがいい」とすすめられました。しかし、gさんは「そんな検査は受けなくていいよ」と受診を嫌がり、「もうすぐ母さんのあとを追っていくんだから」と、暗い顔をして言います。娘さんは、そんなgさんから目を離せず不安がつのります。

認知症と似た症状がみられる高齢者うつ病

認知症とまぎらわしい病気に高齢者うつ病があります。認知症になると、意欲の低下や不眠、不安感など、うつ病と似た症状がみられることがありますが、逆にうつ病でも認知

症と共通する症状が起きる人もいます。なかには、認知症にうつ病を併発している場合もあり、両者を区別するのはなかなか難しいといわれています。両者の似た症状のうち、代表的なものが記憶力の低下です。gさんも物忘れがよく起きるようになり、娘さんは認知症を疑いました。しかし、高齢者うつ病でも物忘れがひどくなり、どこにいるのかわからないなどの症状があらわれる場合があります。

一方、認知症のうち、とくにレビー小体型認知症では、記憶障害などは比較的軽く、幻視や幻聴などがみられるほか、眠れない、気分が沈んで意欲がわかない、食欲がない、元気がないなどのうつ症状が出る場合があります。うつ症状はとくに初期の段階であらわれることが多く、うつ病と間違えられる人もいるようです。

抗うつ薬が効けばうつ病、効かなければ認知症?!

gさんは、日がな一日、ボーッと過ごしていることが多くなりました。先日も娘さんが、「昨日も今朝も、庭の水まき、してなかったでしょ」と言うと、「えっ、そうだっけ」と、すっかり忘れている様子です。

介護者仲間の友人に相談すると、抗うつ剤を処方してもらい、それで症状が回復するようであれば、うつ病の可能性が高いかも、と言いますが、薬の影響を考えると、それにも不安があります。そこで、インフルエンザの予防接種だからと病院に連れ出し、医師から説明してもらい、認知症の検査を受けることにしました。その結果、初期の認知症と判明。医師から「わからないまま抗うつ剤を飲んでいたら、かえって症状が悪化したかもしれませんよ」と聞き、検査の大切さを痛感しています。

うつ病は自責の念が強く自殺願望を持つことも

記憶力や認知機能の低下から認知症を心配して受診する高齢者の２割程度は、高齢者うつ病という報告もあります。

似た症状を示す高齢者うつ病と認知症ですが、見分けるポイントとして、前者は自分を卑下したり、自責の念にとらわれ死にたいなどと口にし自殺願望が強いのに対し、後者は自分を責めるようなことは少なく、さほど深刻さは伴わない傾向がみられます。また、同じように認知機能が低下しても、前者はそれを自覚し不安感を強く持つことが多いのにくらべ、後者は初期では不安を感じ落ち込むことがあっても、徐々に病状が進むにつれ気にしなくなっていきます。さらに、家族などが忘れたことを指摘すると、言いつくろいます。一方、うつ病の場合は、わからないと落ち込んで、言い訳などはしません。

【ドクターのアドバイス】

◆薬の影響で、うつ症状が起きることも

認知症では、気分の落ち込みや食欲不振、意欲減退などの抑うつ症状がよくみられます。とくにレビー小体型認知症の場合はこの傾向が強いのですが、気をつけたいのが薬の影響でうつ症状が起きる場合です。うつを起こしやすい薬剤には、パーキンソン症候群の薬もあり、レビー小体型認知症ではこの薬を服用する人も少なからずいて、かえって症状を重くするという悪循環に陥りかねないのです。その他、高血圧や鎮痛剤の薬剤にも、うつの副作用を持つ薬がありますから注意が必要です。

抑うつ症状が、うつ病によるのか認知症のせいかわからないときは、やはり検査をきちんと受けることをすすめます。うつ病と認知症では、治療も異なりますし、脳梗塞や脳腫瘍などほかの病気が隠れていないか確認するためにも、一連の認知テストのほか、脳のCTやMRI検査、血液検査などを受けましょう（19頁参照）。

対応と工夫

- うつ病によるのか認知症のせいかわからないときは検査を受ける。
- 薬の影響でうつ症状が起きることもあるので、かかりつけ医に相談を。

24 会話がうまくできない

Case

話しかけても答えないのは、耳が遠いせいか、認知症の影響なのか

以前から耳の遠かったhさんは、認知症になってからますます会話が難しくなってしまいました。介護している妻は、なるべく正面から向き合って話すようにしていますが、それでも、聞こえているのかいないのか、なかなか返事をしてくれません。左耳のほうが聞こえやすいようなので、左耳に口を寄せて、「聞こえてるの？　聞こえてるなら、ちゃんと返事をしてください」と言うと、「うるさい！　何度も言うな！」と怒鳴ります。うまく会話ができないのは、認知症の影響なのか、耳が遠いせいなのか——、補聴器をつけていても、しばらくすると嫌がって取ってはずしてしまうので、妻は対応に困っています。

血管性認知症の場合は、失語症や構音障害を伴うことも

多くの人が加齢に伴い、耳が遠くなり、目が見えにくく、スムーズに話せなくなるなど、会話機能にさまざまな支障をきたしてきます。認知症の人も、難聴や視覚障害、失語症な

どを併発している場合が少なくありません。

また、認知症の原因により会話機能に支障をきたすようになる場合もあります。血管性認知症では、原因となった脳梗塞や脳出血が起きた部位により、失語症や構音障害などを伴ったり、アルツハイマー型認知症では、視野が狭くなるという視覚トラブルが起きることもあります。

失語症は、言葉が出てこない、言いたいことと違う言葉が出てくるなどのほか、文字が思い浮かばず書けないというような症状や、聞いた言葉の意味が理解できないといった聴覚的な障害や、目にした文字の意味がわからないという視覚的な障害があらわれるケースもみられます。

構音障害は、話すときに使う舌や唇などの筋肉がうまく働かなくなる状態をいいます。その結果、息がもれたような声や弱い声、力んだ声などを発し、聞き取りにくくなります。さらに、話すときに使う筋肉と、食べ物を飲み込むときに使う筋肉はほぼ同じなので、構音障害の人は嚥下《えんげ》障害（179頁参照）を伴う場合が多いようです。

正面から目線を同じ高さにして話しかける

hさんは、認知症を発症する数年前から耳が遠くなってきたため耳鼻科を受診したところ、老人性難聴と診断されました。老人性難聴は両耳とも同じように悪くなるという特徴を持っているようですが、hさんは比較的左耳のほうが聞こえやすく、妻はそちらの耳に顔を寄せて話すようにしていました。それでも、うまく会話ができず、認知症のせいかもしれないとあきらめ気味でした。

ところが、担当のケアマネジャーに相談したところ、左耳に顔を寄せて話すより、正面から目線を同じ高さにして、目を見ながら口は大きく開けてゆっくり話すようにしてみたら、とのアドバイスを受けました。さっそく、言われたことに注意しながら話しかけるようにしたところ、hさんが、「うん、わかった」と、答えたのです。毎日、さまざまな世話に追われ、ついつい気ぜわしく対応しがちですが、視線を合わせて大きく口を開けてゆっくり話す。ちょっと面倒に思えても、このほうがコミュニケーションが成立し、かえって手間がかからないですむということを知ったと、hさんの妻は喜んでいます。

耳が遠い人には低めの声でゆっくり話す

老人性難聴は、加齢により内耳の神経細胞が消滅していくことで音への感知が鈍くなる状態で、認知症に限らず多くの高齢者にみられます。

そこで、hさんのケースのように、視線や表情など「ユマニチュード」(*)（176頁も参照）

を取り入れたコミュニケーションを基本に、声の高さにも注意して話しかけるようにします。難聴の人は、高すぎる音に不快感を覚えることもあり、低くはっきりした発音で話すようにしましょう。また、音のする方向がわからなくなることもあるので、話しかける前に体にふれて注意を促し、目線を合わせて話すようにします。字を書いて伝え合うことが可能な場合は、そばに筆記具などを常備しておきましょう。

（＊）「ユマニチュード」とは、フランスのイヴ・ジネストとロゼット・マレスコッティによってつくり出されたコミュニケーションに基づいたケアの技法。「人間らしさ」を尊重することを基本理念とし、１５０を超えるケアの技法を体系化したもの。

視覚トラブルには、まずは環境整備

視覚も年を取ると低下し、視力が落ちたり、視野が狭くなる、濃淡を認識しにくいというような状態がみられるようになります。とくにアルツハイマー型認知症では、視野が狭くなるという症状があらわれ、周囲の物や人の認識が難しくなってきます。

視覚にまつわるトラブルには、第一に環境を整える対策を。部屋の照明は明るすぎず暗すぎず、本人に確認しながらちょうどよい明るさに調整しましょう。表情や動作などがよく見える状態にします。文字に関しても、単に大きくすればいいというのではなく、本人が読みやすいサイズを見つけるようにします。

白内障など目の病気があると、色の濃淡も認識しづらくなるため、白っぽい色のテーブルに薄いベージュの食器を置いてもわかりづらいというようなことも生じます。淡い色同士や似た色、暗い色の組み合わせは避けます。

視野の狭窄《きょうさく》に関しては、血管性認知症の人の場合など、脳卒中などの後遺症として脳のある部分が損傷したことで、左か右、どちらかの側が認識できなくなることがあります。比較的、左側が見えなくなることが多く、体の左にある物や人にぶつかったり、文章も左側を読まないなどの症状がみられます。この場合も、見えない側に障害となる物は置かないようにするなど環境整備が大切です。食事介助のときも、トレイや食器を置く場所に注意します。食べ残しが多いと思っていたら、よく見るとトレイの左側だけ残していたという場合もあります。見えない側の食べ物を残すこともあるので、お皿の位置を変えるなどして気をつけましょう。

その人の残った機能を生かす対応が大切

失語症は、脳の言語中枢が損傷を受けて起きます。見る、聞く、話す、書くというコミュニケーションにかかわる基本的な機能にトラブルが生じるため、各人の症状に応じた対応が求められます。見ることより聞くことはできやすいとか、繰り返しゆっくりであれば話せるなど、その人の比較的残っている機能を生かしたかかわり方をするよう気をつけます。

また、ユマニチュードのように、表情や動作を取り入れたり、絵や写真などをうまく使うことでコミュニケーションを図ることができる場合もあります。

【ドクターのアドバイス】

◆ユマニチュードを上手に取り入れたコミュニケーションを

患者さんのなかにも、耳が遠かったり、目に病気がある人は少なくありません。言葉が出ない患者さんもいますが、そのような人にも目線を合わせて、「どうですか」と声をかければ、ニコニコと笑顔を返してくれます。タッチングも大切で、背中をさすったり、肩をもみながら、声をかけていく。言葉が出なくても、字を書いて伝えられる人もいるし、表情や身振りでもコミュニケーションはとれるでしょう。

このように、さまざまな体の機能が衰えていく高齢者や認知症の人たちに有効なケアメソッドとして「ユマニチュード」という方法があります。基本は、「見つめる」「さわる」「話す」という3点です。

まず、第一のポイントは、目線を本人と同じ目の高さになるようしゃがみ、さらに20センチという近い距離で見つめます。かなり顔を近づけることになります。認知症の人は視野が狭くなっている場合が多いので、このようにして目の前にいることを認識してもらうことが大切になります。

第二のポイントは、優しく体にさわること。手や腕をゆっくりなでるようにさわります。このとき、見つめながらさわったり、さわりながら話すなど、「見つめる」「さわる」「話す」の3要素のうち2つ以上を同時に行います。

第三のポイント「話す」では、赤ちゃんに話しかけるように、ゆっくりと穏やかな口調を心がけます。赤ちゃんのようにといっても、幼児言葉はいけません。あくまで相手を尊重した言葉づかいで話すようにしましょう。

この3つのポイントに加え、ユマニチュードには「立つ」という要素もあります。これは「見つめる」「さわる」「話す」の流れに沿って行います。自分の意思で立つことが大切なので、無理に腕をつかんで立たせるようなやり方は避けましょう。

◆介護者の負担も軽くなるケアメソッド

認知症の人は、これまで自分の周囲にあったまなざしや言葉、さわり心地などから切り離されていくように感じることが多く、人とのつながりが難しくなっていきます。徐々に不安感が高じると外からのかかわりに対して防御的になり、ときにはそれが暴力的、攻撃的とみられてしまいます。このような人にも、ユマニチュードをケアに取り入れていくことで、ずいぶん改善されるケースが少なくありません。実際、ユマニチュードを心がけたケアにより、三人がかりでも難しかった口腔ケアが、自分から口を開けて受け入れてくれるようになった患者さんもいます。

また、ユマニチュードで本人が穏やかになることで、介護者自身のストレスが軽くなっていくことも自覚できますし、無理に力を使ったケアは避けるので、心身ともにケアする人の負担も軽くなるでしょう。

対応と工夫

- 耳の遠い人には、正面から目線の高さを同じにしてゆっくり話す。
- 視覚にまつわるトラブルには、まず、部屋の照明などの環境を整える。
- 視野の狭窄に関して、左右どちらかの側が認識できない場合は、見えない側に障害となる物を置かないこと。
- その人の残った機能を生かす。
- ユマニチュードを取り入れる。

コラム

嚥下障害

食べ物を飲み込むことが難しくなることを嚥下障害といいます。飲み込みにくくなったという自覚症状のほか、食事の際にむせるなどの症状がみられます。嚥下障害になると、栄養が十分にとれないというだけでなく、気道に食べ物が流入する「誤嚥《ごえん》」が起き、その結果、肺炎を起こすことが心配されます。

障害が軽度であれば、食べ物にトロミをつけ飲み込みやすくするなどの工夫で対処します。咀嚼《そしゃく》がうまくできるよう、口腔ケアも欠かせません。嚥下が難しくなると、栄養不足を防ぐため、高カロリー輸液を静脈内に投与する方法や、鼻から入れる経鼻経管チューブ、胃に穴をあけて管を通す胃ろうなどの人工栄養法が検討されます。

胃ろうについては、本人の意思確認ができれば、まずはそれを尊重するのが基本でしょう。問題は、胃ろうが本人の望まない延命治療になってしまう場合があることです。できるだけ、病状が軽度なうちに、本人のリビングウイル（事前指示書）を得ておくことをすすめます（191頁「在宅介護での看取り」参照）。

25 生活習慣病を抱えている

Case

糖尿病の食事療法がうまくできない

数年前からアルツハイマー型認知症と診断されている80代半ばのIさんは、20年来、糖尿病を抱えています。家では、病院から指示された食事指導に沿い、摂取カロリー量などを考えた食生活を送っていますが、家族の目を盗んでは間食しているらしく、押入れには菓子やジュース缶類がゴロゴロ。隠しているのを見つけた家族に、「ダメでしょ」と注意されても、「知らないよ」と、とぼけ顔。食事のあとも、食べたばかりなのに「お腹がすいた!」と、また食べ物を口に入れようとします。過食気味なのは、認知症の影響だろうとは思いつつ、どうしたらいいのか、家族の悩みはつきません。

糖尿病を合併している認知症の人の場合

糖尿病を抱えていると認知症の発症リスクが4・6倍に

今や、糖尿病とその予備軍との合計は約2050万人(2012年「国民健康・栄養調査」厚生労働省）にものぼり、年々増加の一途をたどっています。さらに、70歳以上の男性の約22・3％、女性の約17・0％が糖尿病にかかっているとみられており（2014年同調査）、高齢者の5人に1人が糖尿病という時代になりました。

このような背景もあり、糖尿病を抱えている認知症の人は珍しくありません。年を重ねれば生活習慣病を持つ人は増えていきますが、問題は、認知症と糖尿病や高血圧症などの生活習慣病との関係です。

福岡県久山町の町民を対象にした九州大学の長年にわたる調査によると、糖尿病にかかっている人はアルツハイマー型認知症の発症リスクが2・1倍、血管性認知症では1・8倍になることがわかりました。同調査ではまた、高血圧症患者は血管性認知症の発症リスクが3・4倍になると報告されています。さまざまな調査も、糖尿病や高血圧などの生活習慣病を抱えていると、認知症の発症リスクがグンと高まることを示しています。

インスリンがアルツハイマー型認知症の原因物質に影響

糖尿病になるのは、すい臓から分泌されるインスリンの働きがうまくいかなくなったり、分泌量が不足するようなことが起きるためです。このインスリンがアルツハイマー型認知症と関係しているとみられています。

ご存じのように、アルツハイマー型認知症は脳の神経細胞にアミロイドβなどのたんぱく質が蓄積して起きますが、インスリンが不足するとアミロイドβが分解されずに蓄積されやすくなることがわかってきました。どうやら、アミロイドβを分解する酵素はインスリンを分解する役割も担っているらしく、糖尿病のため高インスリン血症だと、酵素はインスリン分解に消費されてしまい、アミロイドβの分解にまわす分が足りなくなり蓄積されていくといわれています。また、同様にアルツハイマー型認知症の原因とみられているタウたんぱくの変質を促進することにもインスリンが関係しているとみられています。

このようなことから、糖尿病を抱えていると認知症になるリスクが高くなるだけでなく、認知症の進行も早まるという研究報告もあります。また、糖尿病は動脈硬化の進行を促して脳梗塞のリスクも高まるため、血管性認知症にもかかりやすくなります。

認知症の症状と思えることも、低血糖を改善して緩和

糖尿病が怖いのは、高血糖状態を放っておくと、失明に至ることもある網膜症や、手足の先の感覚マヒなどを起こす神経障害、腎臓がうまく機能しなくなる糖尿病性腎症などの合併症を起こすことです。最近は、これら3大合併症に認知症を加える場合もあるようです。

合併症を起こさないよう、糖尿病になると食事療法や運動療法を基本に、必要であれば薬による治療を行っていきますが、ｉさんのように、認知症の人の場合、食事療法がうまくいかなくなる場合が多々みられます。糖尿病の食事療法は、食品交換表(*)に従い、その人の1日の必要総エネルギー量に合わせて食事をとっていきます。ところが、認知症になると、本人の自己管理も難しくなりますし、家族が食事療法に沿ってメニューを工夫しても、きちんと食事をとること自体が困難になってきます。

困ったｉさんの家族は、主治医に相談しました。すると、「きちんとコントロールしなくては、と思いすぎると、かえってストレスになってしまいますよ」と家族をねぎらい、さらに検査の結果を見て、「薬を変えてみましょうか」と言います。というのも、ｉさんの最近の症状は、低血糖から引き起こされている可能性もあるとのこと。じつは、ｉさんは過食気味だけでなく、ふらついて転びそうになったり、ときどきわけのわからないことを言うなど、せん妄もみられるようになっていました。このような症状が、「薬による低血糖が引き起こしている可能性もある」と言うのです。

高齢者の認知症の人の場合、薬の服用量や方法をきちんと管理できなかったり、食事もカロリーコントロールできないこともあるため、インスリンが過剰になって、血糖値が正常値を下回り、低血糖になることがみられます。そこで、ｉさんも、薬を変えてしばらく様子をみたところ、ずいぶん落ち着いてきました。食べ物を隠したりはしますが、隠れて食べるというのではなく、そのましまい忘れています。過食もおさまってきました。

（＊）栄養素ごとに6分類された食品を80カロリー＝1単位で換算し、1日の摂取カロリーを単位数で把握できるようわかりやすくしたもの。1日1600カロリーならば、20単位。

腎臓病を合併している認知症の人の場合

食事療法もうまくいかず、人工透析が必要になる場合も

糖尿病が進んで発症した腎臓病を抱えている78歳のｊさん（女性）は、2年前に認知症と診断されました。糖尿病が進行すると起こす合併症のひとつが糖尿病性腎症です。

ｊさんの介護を担っている娘さんは、これまで塩分控えめの薄味の食事を工夫してきましたが、認知症が進行するにつれ、「こんな味のしないものは食べられない」と拒否するなど、食事量も減ってしまい、ゴロゴロ寝ていることが多くなりました。そんな矢先、ｊさんの体調が急に悪化し、緊急入院。入院先の医師からは、「そろそろ人工透析が必要かもしれません」と言われ、娘さんはどうしたらいいのか困ってしまいました。さっそく、かかりつけ医やケアマネジャーに相談したところ、通院介助を利用しながら透析に通うこともできそうだとわかり、ケアの体制を整え、人工透析を始めました。その後、食欲も出

てきて、以前より元気になった母親の姿に、娘さんは「大変だけど、やってよかった」と言っています。

人工透析を受けている人のうち約1割が認知症

腎臓は、血液中の老廃物をろ過し尿をつくる働きを持っていますが、この機能がうまく働かなくなると、血液もきれいにならないばかりか、尿毒症を起こして命にかかわることにもなってしまいます。そこで、腎臓に代わり血液をきれいにする治療法の人工透析が必要になってきます。一般的な人工透析の場合、1回3〜4時間かかり、週に3回、設備の整った専門の施設で受けることになります。

透析患者のうち、認知症の人が占める割合は9・9％（2010年「透析患者の現況調査」日本透析医学会）と約1割を占め、増加傾向にあるようです。しかし、認知症の人の場合、透析が必要になっても、本人の意思確認がしづらく、また、通院や治療に時間や手間もかかるなど、いろいろと問題があることは否めません。たいていの介護老人保健施設は、今のところ透析患者の受け入れは難しいという状況です。

しかし現実には、認知症が進めば、通院での人工透析は家族の大きな負担になってきます。そこで、jさんのように、医療と介護の連携体制がうまく機能すれば、人工透析を続けることも不可能ではないでしょう。一方で、施設での受け入れ体制の拡充も求められます。実際に、介護と人工透析を合わせてケアする施設もみられるようになってきています。

また、認知症の有無に限らず、糖尿病や高血圧の持病がある人や、メタボリックシンドロームの人は腎臓病を引き起こしやすいようです。やはり基本は、減塩を心がけた食事や適度な運動を取り入れた生活を送ることが大切でしょう。

高血圧症を合併している認知症の人の場合

血管性認知症を発症後も、心がけたい減塩食や運動

さまざまな調査から、高血圧症の人は血管性認知症にかかりやすくなるとみられています。わが国の高血圧症の患者は約1010万人以上（「平成26年患者調査の概況」厚生労働省）ですから、認知症で高血圧症を持つ人は結構いることになります。

高血圧症になると、動脈硬化が促進され、脳卒中や心臓の病気、腎臓の病気などを引き起こしやすくなります。血管性認知症は、脳卒中で損傷を受けた脳細胞が死滅し、その結果、認知機能に障害が起きる状態ですから、高血圧症の人のリスクが高くなるのも当然といえば当然です。

高血圧症では、減塩食や適度な運動を心がけ、必要な場合は降圧剤を服用する治療法が

基本ですが、認知症になると、食事管理や運動に努めることが難しくなりがちです。しかし、食事も、減塩に代わり酸味や香辛料などで工夫することは可能です。運動も、「少し散歩してみましょうか」と、気分転換程度の歩行でも効果はあるようです。

血圧は加齢とともに高くなっていきますし、１日のなかでも結構変動するものです。そのため、血圧計の計測数値にあまり振り回されることなく、健康的な生活を送ることを心がけましょう。

また、認知症の症状と思っていたら、降圧剤の種類を変えたり、しばらく服用を休んでみたら症状が改善されたということもあるようです。もちろん、医師に相談のうえで行ったことですが、漫然と服用が習慣化していないか見直すためにも、一度かかりつけ医に相談してみることも大切です。

【ドクターのアドバイス】

◆加齢に伴い、検査数値も上がっていって当然

高齢の認知症の人の場合、何かしらの病気を持っていることが少なくありません。しかし、ずっと検査することなく、以前から服用している薬を続けているというケースもよくみられます。病院に家族が薬だけもらいに行くということになっているわけです。

ある糖尿病の患者さんは、しばらく受けてなかった検査をしてみたら、なんと低血糖気味でした。そこで、インスリンの注射薬をやめて飲み薬に替え、しばらく様子をみていたら、めまいやふらつきもなくなり、ずいぶん落ち着いてきました。注射というのは事故につながりかねません。使った針が冷蔵庫の野菜室から出てきたことがあったと、家族は驚いていましたから、安全性の点からも、飲み薬にしてよかったようです。高齢になると、食事の量も減ってきますから、インスリンでかえって低血糖になることも懸念されます。

最近では、糖尿病の検査は、ＨｂＡ１ｃ（ヘモグロビンエーワンシー）の値を調べるようになっています。これは１～２カ月間の平均的な血糖値がわかる検査で、数値が６・５以上あると糖尿病が疑われます。しかし、健康な人でも年齢が上がっていけば数値は増えていきますから、70歳代になればＨｂＡ１ｃが7近くになってもいいのではないかと思います。むしろ、怖いのは低血糖です。意識障害が起こることもありますし、高齢になれば使っている薬は一度見直してみることが大切でしょう。

◆認知症が軽いうちに治療方針について本人の意思確認を

高血圧の場合も同様です。血圧値は加齢とともに上がってくるものです。現在は、上が１３０㎜Ｈｇ未満、下が85㎜Ｈｇ未満が正常値とされていますが、年を重ねるにつれ誰しも上がってきますから、高齢者の場合、１４０㎜Ｈｇぐらいあっても、あまり心配することはないと思います。１日のうちでも、50㎜Ｈｇ程度は変動しますし、緊張すれば２００㎜Ｈｇぐらいまで上がることもあるでしょう。血圧値の数値に一喜一憂することはありません。

それよりも、低すぎると脳塞栓《のうそくせん》のリスクが高まります。降圧剤も一度見直してみることが大切です。むしろ、頸動脈《けいどうみゃく》や心臓の冠動脈の血流などを調べる検査を、２年に１回程度受けることをすすめます。

また、高血圧の持病がある人は、腎臓の病気も心配されます。腎臓病が悪化し、人工透析が必要になるケースもみられますが、認知症の人の場合は、透析の際に身体を拘束されることなどもあり、家族には難しい判断となります。

これは、持病を抱えている人全般に言えることですが、認知症になったら、症状の軽いうちに、持病が重くなったときどうするか、本人に聞いておくことが大切だと思います。腎臓病を抱えている人なら、重症化し透析が必要になったらどうしてほしいか、本人の意思を確認しておくことをすすめます。何度か聞かなければならないかもしれませんが、人によっては、もう透析はしなくていい、自然にまかせて、と希望するかもしれません。あるいは、できるだけ生きていたいから、透析をしてほしいと言うかもしれない。こういうことは、本人や家族、地域のケア体制も含めて、ケースバイケースで考えていくことが大切でしょう。

対応と工夫

- 食事療法や運動を取り入れた生活が基本。
- 適宜検査を受け、薬を見直す。
- 認知症の軽いうちに、持病が重くなったときどうするか、本人の意思を確認しておく。

コラム　在宅介護での看取り

最期まで自宅で過ごしたい、と本人が望む場合、希望をかなえるには、まずは次のようなことを検討してみてください。①本人の意思が家族全員にきちんと理解されているか、②本人の思いを家族全員で支援しようとしているか、③家族に自宅療養と自宅での看取りの準備ができているか、④本人と家族を支えるための医療と介護の支援があるか、⑤終末期の緩和ケアや延命治療への対応について本人と家族が話し合っているか。

①や②は、遠くに住んでいるきょうだいなどが病院に入れろと言ってトラブルになることもあるので、それへの対策の面もあります。本人の意思がはっきりしているうちに「エンディングノート」や「リビングウイル（事前指示書）」などに、「家での看取りを望みます」と明記しておくと、そばにいる家族も、本人の意思だからと周囲に説明しやすくなります。③④は、地域医療と介護の両面からの「在宅ケア支援チーム」づくりの前提です。療養支援診療所やケアマネジャーなどに相談し、サポート体制をつくっていきます。家族だけで抱え込まないことが大切です。⑤についても、先の「リビングウイル」に「胃ろうはつくらないで」「生命維持のための治療は行わないで」などと書くことで、家族や医療者などと話し合う機会を持てます。

さて、いよいよ最期を迎え、呼吸停止となったとき、動転した家族が救急車を呼んでしまう場合がみられます。救急車で運ばれた病院では事件性の有無など死因を調べるため警察に連絡し、なかなかご遺体を返してもらえないこともあります。穏やかな最期を迎えたいのであれば、救急車は呼ばないことです。呼吸が停止したら、まずは、かかりつけ医に連絡しますが、それも急ぐことはありません。ゆっくり最期のお別れをしてください。

（参考：髙瀬義昌著『自宅で安らかな最期を迎える方法』、WAVE出版）

【巻末資料】お役立ち情報

Ⅰ　介護保険で受けられるおもなサービス

家庭で受けるサービス	
訪問介護 （ホームヘルプサービス）	ホームヘルパーが家庭を訪問し、食事や排せつなどの日常生活上の介護や、掃除や洗濯などの生活援助を行う。（「要支援」の人の利用については、市区町村が実施する「介護予防・日常生活支援総合事業」で提供されている地域もある）
定期巡回・随時対応型訪問介護看護	ホームヘルパーや看護師などが、定期的に家庭を巡回したり、連絡のあった家庭を訪問して、介護や療養上の世話などを行う。（「要支援」の人は利用不可）
夜間対応型訪問介護	夜間に、ホームヘルパーなどが定期的に家庭を巡回したり、連絡のあった家庭を訪問したりして、介護や身のまわりの世話を行う。（「要支援」の人は利用不可）
訪問入浴介護	家庭の浴室での入浴が困難な人に対して、浴槽を家庭に持ち込むなどして入浴サービスを行う。
訪問看護	看護師などが家庭を訪問し、医師の指示に従って、健康チェックや療養上の世話、診療の補助などを行う。
訪問リハビリテーション	理学療法士や作業療法士、言語聴覚士が家庭を訪問し、医師の指示に従い、心身機能の維持回復と日常生活の自立に向けた訓練を行う。
居宅療養管理指導	医師、歯科医師、歯科衛生士、薬剤師、看護師、管理栄養士などが、通院困難な利用者の心身の状況や環境などを踏まえ、療養上の管理や指導、助言を行う。

施設などに出かけて受けるサービス	
通所介護、地域密着型通所介護（デイサービス）	日中、施設に通い、食事、入浴などの日常生活上の支援や、機能回復のための訓練・レクリエーションなどを行う。（「要支援」の人の利用については、市区町村が実施する「介護予防・日常生活支援総合事業」で提供されている地域もある）
認知症対応型通所介護（デイサービス）	日中、施設に通い、居宅で自立した日常生活を営むことができるように、認知症高齢者に配慮した介護や機能訓練を受ける。（「要支援」の人の利用については、市区町村が実施する「介護予防・日常生活支援総合事業」で提供されている地域もある）
通所リハビリテーション（デイケア）	医療機関や老人保健施設などに通い、心身機能の維持回復と日常生活の自立に向けた訓練を受ける。
短期入所生活介護（ショートステイ）	特別養護老人ホームなどに短期間入所し、入浴・食事などの日常生活上の介護や機能訓練を受ける福祉系ショートステイと、医療機関や介護老人保健施設などに短期間入所し、医師や看護師等からの医学的管理のもと、療養上の世話や日常生活上の介護、機能訓練を受ける医療系ショートステイがある。家族が一定期間介護から離れることができるので、介護負担の軽減を図るのに役立つ。
小規模多機能型居宅介護	身近な地域にある事業所で、主に通いにより食事や入浴、機能訓練などのサービスを受ける。また、利用者の状態や希望に応じて、同じ事業所が宿泊や随時の訪問サービスを提供する。
看護小規模多機能型居宅介護	小規模多機能型居宅介護と訪問看護を組み合わせたサービスで、同じ事業所が「通い」「泊まり」「訪問看護」「訪問介護」といった複数のサービスを提供する。（「要支援」の人は利用不可）

※そのほか、施設などで暮らしながら受けるサービス（介護老人保健施設、特別養護老人ホーム、介護療養型医療施設、認知症高齢者グループホームなど）がある。
※「要支援」の人へのサービスを「介護予防サービス」というが、このうちホームヘルプサービスとデイサービスは、2017年度までに市区町村が実施する「介護予防・日常生活支援総合事業」に移行される。そのため、サービスの内容や開始時期は市区町村によって異なる。
※配食サービス、紙オムツ支給やごみ戸別収集など、市区町村が独自に行っているサービスがあるので、調べておくと役立つ。

生活環境を整えるためのサービス

福祉用具貸与	介護用ベッドや車いす、床ずれ防止用具など、在宅生活を支える道具が借りられる。（要介護1・要支援の人には、歩行器、歩行補助杖など）
福祉用具購入費の支給	腰掛け便座や入浴用いすなど、貸与になじまない福祉用具を、指定を受けた事業者から購入した場合、その費用が支給される。
住宅改修費の支給	手すりの取り付けや段差の解消など、小規模な住宅改修に要する費用が支給される（上限は20万円）。

介護保険のサービスを利用するには

本人や家族が、市区町村の窓口に要介護（要支援）認定を申請し、認定（要支援1・2と要介護1〜5の7段階に分かれている）を受けたのち、ケアマネジャー等と相談してケアプランを作成。これに基づきサービスを利用することができる。

【相談・問い合わせ先】市区町村の介護保険担当課、地域包括支援センター

（参考資料：東京都福祉保健局高齢社会対策部介護保険課『介護保険制度』平成27年5月発行）

II　地域での暮らし・療養生活を支える人たち

相談・サービスのコーディネート	
地域包括支援センター	①本人や家族からの相談を受け、適切にサービスを受けられるように支援する。②高齢者の権利擁護および虐待防止の窓口。③ケアマネジャーへの支援や医療機関などとの調整。④本人の意欲や能力を踏まえた介護予防ケアマネジメントなどを行っている。名称は市区町村によってさまざま。
ケアマネジャー（介護支援専門員）	自宅でどんな暮らしをしたいかをいっしょに考え、具体的な計画（ケアプラン）を立てる。探すときは、市区町村の介護保険に関する窓口や地域包括支援センターへ。
社会福祉士（ソーシャルワーカー）	福祉に関する相談に応じる。地域包括支援センターにいて、高齢者の権利擁護に関する支援をいろいろな支援機関と連携を取って行っている。
医療ソーシャルワーカー	医療機関などにいて、退院・転院の相談や在宅療養への準備の支援、経済的問題や心理・社会的問題の解決援助などを行う。

看護・介護・生活支援	
訪問看護師	医師の指示による医療処置のほか、健康状態の観察、重症化予防への支援、ターミナル期のケア、家族への介護指導や相談などを行う。訪問看護を利用できる訪問看護ステーションが整備されている。
訪問介護員（ホームヘルパー）	食事の準備や買い物などの家事援助、入浴や排せつ介助など身のまわりの世話をする。

理学療法士	医師の指示に基づいて理学療法プログラムを作成し、障害によって難しくなった「起きる」「立つ」「歩く」などの基本動作の改善を促す。
作業療法士	「こころ」と「からだ」のリハビリテーションを通じて生活を支える。趣味・余暇活動の支援や福祉用具の活用・住環境整備の助言なども行う。
言語聴覚士	「話す」「聞く」「食べる」のリハビリテーションの専門家。

医療	
医師	地域の開業医のなかには、訪問診療を行っている医師もいる。また、訪問診療を主に行っている医師を「在宅医」といい、自宅での看取りも行う。地域の在宅医療を担う「在宅療養支援診療所」も増えてきている。
歯科医師・歯科衛生士	自宅や介護施設などに出向いて治療や口腔ケアを行う訪問歯科診療もある。
薬剤師	処方箋に基づいて薬の調剤をするだけでなく、自宅に薬を届けたり、薬の飲み方や副作用、薬の管理のしかたなどを教えたりもしている。
管理栄養士・栄養士	病院や介護施設などにいて、患者の栄養状態を把握・評価し、栄養管理を行っている。在宅訪問栄養指導を希望する際は、かかりつけ医に相談するとよい。

（参考資料：公益社団法人東京都医師会編集『住み慣れた街でいつまでも――チームで支えるあなたの暮らし』東京都福祉保健局医療政策部医療政策課発行、2016年3月）

在宅医療診療所を探すには

地域包括支援センターや市区町村の介護保険担当窓口に尋ねるとよい。入院している場合は、医療ソーシャルワーカーに尋ねるとよい。

在宅医療に熱心な医療機関が掲載されているサイト	公益財団法人在宅医療助成勇美記念財団 http://www.zaitakuiryo-yuumizaidan.com/main/doctor.php

III　お金の管理や福祉サービス利用をサポートする制度

成年後見制度

判断能力の不十分な人に代わって財産を管理したり、本人に不利益な法律行為を取り消すなど、判断能力が不十分な人が不利益を被らないよう支援する制度。任意後見制度と法定後見制度の2つがある。

任意後見制度	判断能力が衰えたときに備えて、あらかじめ自分が選んだ任意後見人（代理人）に、財産管理その他をまかせるという契約を結んでおくもの。
法定後見制度	すでに判断能力が不十分となっている人を対象とする制度。判断能力の程度などに応じて、「後見」「保佐」「補助」に分かれており、成年後見人、保佐人、補助人に与えられる法的権限の範囲等が異なる。

【相談・問い合わせ先】地域包括支援センター、弁護士会、成年後見センター・リーガルサポートなど

日常生活自立支援事業

福祉サービスの利用に関する情報の提供、相談、申し込み、契約の代行のほか、日常的なお金の出し入れ（福祉サービスの利用料金の支払い代行、年金や福祉手当の受領に必要な手続き、税金や社会保険料、公共料金の支払いの手続きなど）を行う。通帳やハンコ、証書などの管理・保管も行っている。

【相談・問い合わせ先】各地の社会福祉協議会

IV　費用負担・家計への支援制度

高額療養費制度

医療機関や保険調剤薬局の窓口で1カ月間に支払った自己負担額が自己負担限度額を超えた場合に、その超過分が戻ってくる（高額療養費の適用があらかじめ見込まれるときは、事前に申請し認定されると、払い戻しを待たずに限度額だけの支払いですむ）。

【相談・問い合わせ先】地域包括支援センター、加入している公的医療保険の窓口、医療機関の医療ソーシャルワーカーなど

高額介護サービス費

介護保険サービスの1カ月間の自己負担額が上限額を超えた場合に、その超過分が払い戻される。

【相談・問い合わせ先】地域包括支援センター、市区町村の高齢者福祉担当課

高額医療・介護合算療養費

医療サービスと介護サービスの両方を利用した場合に、1年間（8月1日～7月31日）の自己負担額の合計が一定の額を超えると超過分が払い戻される。

【相談・問い合わせ先】地域包括支援センター、市区町村の高齢者福祉担当課、加入している公的医療保険の窓口

自立支援医療（精神通院医療）制度

精神科に通院して認知症の治療を受けている人の医療費の自己負担を軽減する（自己負担が1割になる。1カ月あたりの負担額に上限が設けられている）。

【相談・問い合わせ先】市区町村の障害福祉課、保健福祉課など、保健センター、かかりつけの医療機関の医療ソーシャルワーカー

障害年金

公的年金に加入している間（65歳未満）に、病気やけがをして障害が残り仕事や生活をするうえで支障が出たときに支払われる年金。受給するには、初診日に公的年金制度に加入していること、保険料を加入月数の3分の2以上納付していることなどの要件がある。

【相談・問い合わせ先】かかりつけの医療機関の医療ソーシャルワーカー、国民年金加入者：市区町村の年金担当課、厚生年金加入者：職場を管轄している年金事務所、共済年金加入者：各共済組合

特別障害者手当

日常生活上、常に介護が必要になったとき支給される手当。受給するには、施設に入所していないこと、所得が基準の範囲内であること、障害の状態などの要件がある。

【相談・問い合わせ先】市区町村の障害福祉課、保健福祉課など、保健センター、かかりつけの医療機関の医療ソーシャルワーカー

精神障害者保健福祉手帳

一定程度の精神障害の状態にあることを認定するもの。税制上の優遇措置、生活福祉資金の貸し付け、公営施設の利用料割引、交通機関利用料の助成などのサービスを受けることができる。

【相談・問い合わせ先】市区町村の障害福祉課、保健福祉課など、保健センター、かかりつけの医療機関の医療ソーシャルワーカー

※そのほか、民間の生命保険には、多くの場合「高度障害特約」がついている。要件に該当すると保険金が支払われることがある。

V　介護者の就労継続を支援する制度

介護休業制度

仕事を持つ人が、要介護状態の家族の介護をするために一定期間仕事を休業することができる制度。パートや派遣で働いている人も、①引き続き1年以上勤務していて、②休業開始日から93日を経過する日以降も引き続き雇用されることが見込まれる場合は、介護休業をすることができる。

介護休業	育児・介護休業法では、要介護者1人について、連続する93日までの休業が認められる。これよりも長期の休業制度を導入している企業もあるので、就業規則を確認すること。休業中は、休業前の賃金の67%の介護休業給付が支給される。 ※2017年1月より、「要介護者1人について、通算93日まで、3回を上限として、分割して休業できるようになる。
介護休暇	要介護者1人につき、1日単位で年間5日、2人以上の場合は10日取ることができる。 ※2017年1月より、半日単位での取得が可能になる。
介護のための 短時間勤務制度等の措置	介護休業をしない期間は、希望すれば短時間勤務制度等が利用できる（介護休業をした日数と合わせて93日間）。勤務時間の短縮、フレックスタイム制、始業・終業時刻の繰り上げ・繰り下げなど。 ※2017年1月より、介護休業とは別に、利用開始から3年の間で2回以上の利用が可能に。
介護のための 所定外労働の制限 （残業の免除）	※2017年1月より新設。介護のための残業免除を請求できる。1回の請求につき、1カ月以上1年以内の期間で請求できる。

【相談・問い合わせ先】会社の総務や人事担当課、都道府県労働局の雇用環境・均等部、ハローワーク

※「介護対象家族の範囲」についても、現行法では「配偶者、父母、子、配偶者の父母、同居かつ扶養している祖父母、きょうだい、孫」だが、2017年1月より、祖父母、きょうだい、孫について「同居かつ扶養」の条件が外される。

VI　相談窓口

認知症・介護に関する相談	
公益社団法人認知症の人と家族の会 「認知症の電話相談」	☎0120-294-456 月～金（祝日を除く）10時～15時
公益社団法人認知症の人と家族の会 東京支部 「認知症てれほん相談」	☎03-5367-2339 火・金（祝日を除く）10時～15時
財団法人認知症予防財団 「認知症110番」	☎0120-654-874 月・木（祝日を除く）10時～15時
社会福祉法人浴風会 「介護支え合い電話相談室」	☎03-5941-1038 月～木（祝日・年末年始を除く）10時～15時
NPO法人介護者サポートネットワークセンター・アラジン 「介護者のための電話相談」	☎03-5368-0747 毎週木曜10時半～15時
東京都若年性認知症総合支援センター	☎03-3713-8205 月～金（祝日を除く）9時～17時
NPO法人若年認知症サポートセンター	☎03-5919-4186 月・水・金10時～17時
若年認知症家族会・彩星《ほし》の会 「家族による電話相談」	☎03-5919-4185 月・水・金10時半～16時
男性介護者と支援者の全国ネットワーク （略称：男性介護ネット）	☎075-466-3306 ※電話相談は行っていないが、さまざまな会合・イベントを行っている イベント情報　http://dansei-kaigo.jp/

成年後見制度に関する相談	
公益社団法人 成年後見センター・ リーガルサポート	司法書士で構成する団体。 各都道府県の窓口検索　https://www.legal-support.or.jp/
弁護士会	各都道府県の窓口検索（日本弁護士連合会） http://www.nichibenren.or.jp/
権利擁護センター 「ぱあとなあ」	☎03-3355-6546 公益社団法人日本社会福祉士会が運営。各都道府県の社会福祉士会でも相談を受けている。
社会福祉法人 全国社会福祉協議会	各地の窓口検索　http://www.shakyo.or.jp/

悪質商法の被害にあったときの相談窓口	
消費者ホットライン	188《いやや》（局番なし） 日本全国のもよりの消費生活相談窓口を案内してくれる。

Ⅶ　認知症・介護・医療に関する情報サイト

WAM NET（ワムネット）	http://www.wam.go.jp/content/wamnet/pcpub/top/ 福祉・保健・医療関連の情報を提供。独立行政法人福祉医療機構が運営。
e-65.net（イーローゴ・ネット）	http://www.e-65.net/ 認知症に関する情報を提供。エーザイ株式会社が運営。

【参考文献】

『認知症てれほん相談　歩み続けて30年』認知症の人と家族の会 東京都支部

『ぼけ老人110番』笹森貞子編著、社会保険出版社

『男性介護者100万人へのメッセージ　男性介護体験記』男性介護者と支援者の全国ネットワーク編著、クリエイツかもがわ

『認知症、その薬をやめなさい』髙瀬義昌著、健康人新書・廣済堂出版

『自宅で安らかな最期を迎える方法』髙瀬義昌著、WAVE出版

『週刊朝日』2014.12.5増大号、朝日新聞出版

『週刊朝日』2014.12.12号、朝日新聞出版

『調剤と情報』別冊　Vol.21 No.11、じほう

『調剤と情報』別冊　Vol.21 No.13、じほう

『老年精神医学雑誌』第25巻第12号別冊、日本老年精神医学会

『医療と介護Next』2015 vol.1 no.5、メディカ出版

『ダーナ』2013初春号～2015初夏号、佼成出版社

『認知症の9大法則　50症状と対応策』杉山孝博著、法研

『私、バリバリの認知症です』大田正博、菅崎弘之、上村真紀、藤川幸之助著、クリエイツかもがわ

『ユマニチュード入門』本田美和子、イヴ・ジネスト、ロゼット・マレスコッティ著、医学書院

『今日から実践　認知症の人とのコミュニケーション』飯干紀代子著、中央法規出版

『バリデーション　痴呆症の人との超コミュニケーション法』ナオミ・フェイル著、筒井書房

『ぽ～れぽ～れ』認知症の人と家族の会

公益社団法人認知症の人と家族の会ホームページ

アドバイザープロフィール

髙瀬 義昌（たかせ・よしまさ）

担当：序章、第3章

信州大学医学部卒業。東京医科大学大学院修了、医学博士。麻酔科、小児科研修を経て、以来、包括的医療・日本風の家庭医学・家族療法を模索し、2004年東京都大田区に在宅訪問診療を中心とした「たかせクリニック」を開業する。現在、在宅医療における認知症のスペシャリストとして厚生労働省推奨事業や東京都・大田区の地域包括ケア、介護関連事業の委員も数多く務め、在宅医療の発展に日々邁進している。認知症の早期対応・備える努力を啓発するNPO法人オレンジアクト理事長。著書に『認知症、その薬をやめなさい』（廣済堂出版）、『自宅で安らかな最期を迎える方法』（WAVE出版）、『これで安心　はじめての認知症介護』（佼成出版社）など。

髙瀬クリニック　http://www.takase-cl.org/

宮本典子（みやもと・のりこ）

担当：第1章・第2章の「カウンセラーアドバイス」①～⑥

慶成会老年学研究所所長、臨床心理士。聖心女子大学文学部歴史社会学科人間関係卒業。慶成会クリニック、新宿一丁目クリニックを経て、現職。主に認知症高齢者、高齢期のうつ病の心理療法および、介護家族の心のケアにかかわる。在宅で生活をされている高齢の方や認知症の方を対象に回想法と音楽療法からなるミニデイプログラムユリの木会の運営に長く携わる。共著に『認知症と診断されたあなたへ』（医学書院）、編著に『いちばん未来のアイデアブック』（木楽舎）がある。

慶成会老年学研究所　http://www.keiyu-hp.or.jp/laboratory

執筆・編集協力

斉藤弘子、松田容子、石川れい子

※取材にご協力いただいた「認知症の人と家族の会 東京都支部」の会員のみなさまにも、心より御礼申し上げます。

編者プロフィール

認知症の人と家族の会 東京都支部

公益社団法人認知症の人と家族の会は1980年1月、「呆け老人をかかえる家族の会」として設立(本部は、京都)。同年9月に東京都支部が発足し、介護経験のある専業主婦8名が世話人(無償ボランティアスタッフ)として活動を始めた。1982年に「ぼけ老人てれほん相談」を開設。1985年には支部報『きずな』を発刊。以来、認知症になっても安心して暮らせる社会の実現を求め、「会員のつどい」「認知症てれほん相談」「支部報」を活動の3本柱として、認知症の正しい理解を広める活動を続けている。

住所 〒160-0003 東京都新宿区本塩町8-2 住友生命四谷ビルB2

TEL/FAX 03-5367-8853

公益社団法人認知症の人と家族の会ホームページ http://www.alzheimer.or.jp/

認知症の人とのおつきあい

——家族の心をととのえる対応と工夫

2016年9月10日 第1版第1刷発行

編　　者 認知症の人と家族の会 東京都支部 ©2016年

発 行 者 小番 伊佐夫

印刷製本 中央精版印刷

編集担当 杉村 和美

装　　丁 野本 卓司

D T P 市川 貴俊

発 行 所 株式会社 三一書房

〒101-0051 東京都千代田区神田神保町3-1-6

☎ 03-6268-9714

振替 00190-3-708251

Mail: info@31shobo.com

URL: http://31shobo.com/

ISBN978-4-380-16005-9 C0036

Printed in Japan

生きるための乳がん

——あなたが決める　克服するための医療

リリー・ショックニー（ジョンズ・ホプキンス・エイボン基金・乳がんセンター所長）著
青木 美保（ウィメンズ・キャンサー・ファイター・サポート）編訳

定価：本体価格2,200円＋税
A5判 ソフトカバー　本文274頁
ISBN978-4-380-08216-0

著者・編訳者ともに乳がんを克服したサバイバー。日本の医療の現状をふまえ、実体験に基づいてあなたをサバイバーに導く。

病状と治療、副作用、乳房手術の知識と選択肢、心構えは？　周囲の人はどうサポートすればいいのか？　知識が生きる力になる。

役立つ「乳がん手帳」付き！

生きる勇気と癒す力

——性暴力の時代を生きる女性のためのガイドブック

エレン・バス、ローラ・デイビス 共著
原美奈子、二見れい子 共訳

定価：本体5,000円＋税
A5判 ソフトカバー　本文484頁、資料36頁
ISBN978-4-380-07203-1

怒りよりも、哀しみよりも、恐怖よりも強いもの、それは希望
——本書より

「沈黙を破り、回復を共有する。本書はサバイバーにとって、限りなく大きな一歩となるでしょう」

ジュディス・L・ハーマン（医学博士、『心的外傷と回復』著者）推薦